아태문인협회 송년회 기념집 제10호

갈라파고스의 달빛

엮은이 유 형 이사장

편집위원
정용규, 전영모, 송경민, 맹태영, 노유정, 김명자 (가나다 역순)

목 차

시

황옥례 구름 위에 놀다	22
홍중기 바닷물을 마시다	24
홍윤표 과수원의 욕망 외 1편	26
한임동 마음 외 1편	28
한신섭 윤지미산의 민초꽃 외 1편	30
한상담 아내에게 외 1편	32
하봉도 겨울 햇살 외 1편	34
하갑수 들킨 마음 외 1편	36
최혜영 그림은 그리움과 같아서 외 1편	38
최 춘 풍년	40
최임순 희망의 평화통일 외 1편	42
최영희 치자꽃 외 1편	44
최병원 5월 가정의 달을 보내면서	46
최동열 잠시 멈춥니다	48
최돈애 함박눈 외 1편	50
최균희 장대비 그쳐라(동시) 외 1편	52
천도화 질주	54
차학순 5월의 만월滿月	56
지은경 물가에 앉아서 외 1편	58
주광일 가는 봄날 외 1편	60
조온현 감感 잡다 외 1편	62
조병무 산이여	64
조미령 이별 외 1편	66
조규수 당신 외 1편	68
정창희 강남 편지 외 1편	70
정정남 강마을에 앉아서 외 1편	72
정영례 선물용 포장지 외 1편	74
정순영 김장김치 외 1편	76
정성수 사랑의 행방 외 1편	78
정덕현 어머님의 골무 외 1편	80
정근옥 설중매 피던 날 외 1편	82
전영모 길	84
전세중 꽃 외 1편	86
전산우 공지천에서	88
전 민 세상 살아가며 외 1편	90
장현선 수려한 섬 외 1편	92
장지연 겨울 사랑 외 1편	94
임하초 한강의 가로등 외 1편	96
임완근 귓속말을 할 거야 외 1편	98
임소리 소풍 외 1편	100
임보선 그리운 외갓길 외 1편	102
이희선 마음 저리던 날 외 1편	104
이희복 뒤돌아본다 외 1편	106
이 효 첫눈이 내리면 외 1편	108
이현경 속을 열어보면 외 1편	110
이창식 봄날 외 1편	112
이주식 대나무 외 1편	114
이정희 세모歲暮에 외 1편	116
이재성 전철 외 1편	118

이인애 아르키메데스의 비둘기를 날리다 외 1편	120	
이의영 사노라네 외 1편	122	
이오동 갈대 습지	124	
이영경 물 외 1편	126	
이애정 폼페이에서 사랑하기 외 1편	128	
이순조 저수지 하늘 풍경 외 1편	130	
이순자 민들레 외 1편	132	
이순옥 슬픈 늙음 외 1편	134	
이선열 산수유 붉은 열매 알알이	136	
이서빈 감정 근육	138	
이복자 오아시스	140	
이보규 아침 외 1편	142	
이범동 인생의 웃음 외 1편	144	
이명우 산골풍경 2032 외 1편	146	
이명숙 붓꽃 외 1편	148	
이근배 사람들이 새가 되고 싶은 까닭을 안다	150	
이규원 연정戀情	152	
이광희 능소화 외 1편	154	
유 형 아름다운 길	156	
유중관 친절은 살아있는 웃음 외 1편	158	
유자효 "너무"와 "같아요" 외 1편	160	
유숙희 담쟁이 외 1편	162	
우영식 동행 외 1편	164	
우영숙 시를 짓듯 외 1편	166	
엄창섭 나는 별이다 외 1편	168	

어윤호 달력 외 1편	170	
안혜초 새해 첫 편지	172	
안종만 山과 친해야 할 이유	174	
안정선 재스민 추억	176	
안재찬 절규, 기하학 셈법	178	
안재식 도깨비시장	180	
안광석 벚꽃 외 1편	182	
신인호 미지에서 온 새 한마리 외 1편	184	
신위식 만두 꽃 밭 외 1편	186	
신영옥 그녀의 햇살 외 1편	188	
손도규 봄에 만난다면 외1편	190	
성기환 여름날의 꿈 외1편	192	
선유미 여행은 창작의 모태 외1편	194	
서재용 겨울이 오는 소리 외1편	196	
서영희 간격 유지 외1편	198	
사위환 꽃피는 뜻 외1편	200	
복재희 내 태생의 의문 외1편	202	
변종환 겨울 송천리 외1편	204	
백영호 자연에 산다 외1편	206	
배정규 처음 외 1편	208	
배승희 꽃다지	210	
배성록 뉘 덫	212	
박혜진 보연寶戀 외 1편	214	
박치원 가을이 오고 있다 외 1편	216	
박철언 바람의 언덕에서 외 1편	218	

박진우 꽃이 된 이름 외 1편	220	
박종대 촉박 외 1편	222	
박영애 나는 1 외 1편	224	
박영곤 허상과 실상 외 1편	226	
박숙자 여름 해변학교	228	
박석현 순백의 매화 외 1편	230	
박병기 손맛을 읽는다 외 1편	232	
박민정 달 가듯 떠나야 한다 외 1편	234	
박경희 홀로 마시는 진한 그리움 외 1편	236	
민용태 수초 낚시 외 1편	238	
모상철 벚꽃잎이 흩날리던 날 외 1편	240	
명금자 망향의 동산	242	
맹태영 첫사랑 외 1편	244	
류영환 기다림 외 1편	246	
노유정 바다 장례식 외 1편	248	
노신배 난초 1 외 1편	250	
남현우 해변의 산책로 외 1편	252	
김환생 풀 외 1편	254	
김현숙 오늘 사랑 외 1편	256	
김현숙(수영) 늪 외 1편	258	
김하영 싸락눈 외 1편	260	
김태형 의료대란 2 외 1편	262	
김태룡 허수아비	264	
김찬해 적당하다는 것의 멋 외 1편	266	
김진중 돌부처 연못가(민조시)외 1편	268	

김종상 첫사랑 외 1편	270	
김율희 파란 달 이야기	272	
김영용 말에도 향기가 있다 외 1편	274	
김영엽 내 생일 날 외 1편	276	
김영순 마음과 생각 사이 외 1편	278	
김영수 어머니는 시인 외 1편	280	
김애란 비가 아름다운 것은 외 1편	282	
김숙희 새벽은 벽이 아니야 외 1편	284	
김수연 구름 위에 올라앉아서 외 1편	286	
김선일 구월 찬가 외 1편	288	
김석인 그래도 통일은 대박 외 1편	290	
김민정 치명적 진실 (시조) 외 1편	292	
김민선 그대 그리고 나	294	
김미정 노옥, 그 화해	296	
김명자 동백꽃 지던 날 외 1편	298	
김도연 갈증을 잊는 법 외 1편	300	
김금용 문지방 외 1편	302	
김규선 소생 외 1편	304	
김관형 그림자의 자취 외 1편	306	
김관식 찔레꽃 향기 외 1편	308	
김경순 더블 딥 고부지간 Double Dip 姑婦之間 외 1편	310	
권규호 알러지 외 1편	312	
구재기 수선水仙 앞에서 외 1편	314	
곽광택 가을 길 외 1편	316	
강준모 가을 하늘 외 1편	318	

강은혜 장흥 계곡 외 1편　320
강에리 은자隱者의 노래 외 1편　322

수필

황혜경 휴대폰 연락처　326
홍재숙 개화산, 그 숭고한 6.25김포지구전투의 현장　328
차용국 신통력은 멈춤이 없다　332
정용규 선무당의 명상풍월　337
정교현 산과 맺은 나의 소중한 인연　342
장해익 한민족의 자랑을 이끈 우리 선조들의 유아교육　347
이성림 선생님 말씀 잘 듣는 학생　351
이석곡 심훈의 「상록수」는 영원히 시들지 않는다　354
이명지 바깥　357
안윤자 최초의 주미공사관　360
배병군 에비야, 요새가 무슨 요일여　363
박진우 하늘 냄새　367
박은선 통바이 헤이　370
박용유 스님은 어디로 가십니까?　374
박길동 몽테스키외의 '법의 정신'을 지켜야 한다　377
김영탁 배신의 정치　382
김동출 "놀멍·먹멍·쉬멍" 제주도 여행기　385
고응남 복덩이 돌하르방　390
고영문 초등학교 교과서 식물실태　392
김희재 덤　394

소설

이은집 내 동정을 뺏어간 옆집 누나　398
이광복 불청객　401
김호운 거미와 개미　407
김유조 팩션 창작집 출판 기념회　411

평론

송경민 인간 실존의 혼종성과 미완의 디아스포라　418
김종회 디카시의 정체성과 새로운 행보　429

지은경 발행인의 인사말

이근배 원로 축사

단체사진

도창회 교수의 축사

사회자 박경희 시인

객석

출판기념식 축하케익 절단식

정근옥 문학박사 심사발표

미녀오총사

박은선 시인의 퍼포먼스

6 _ 갈라파고스의 달빛

대상 김호운 소설가

하이데거문학상 이창식 수상자

2024년도 전체 대상 김호운 소설가

황진이문학상 본상 박민정 수상자

박병기 수상자

월파문학상 유숙희 시인

신윤주 시인 황진이 아동문학부문

탐미문학상 안기찬 수상자

신문예 가족들

신문예 선남선녀들

2024 갑진년 해맞이산행

일시: 2024년 1월 3일(수) 오전 10시   장소: 북한산 둘레길   모이는 곳: 불광역 2번출구 지하안   주최: 한국신문예문학회
후원: 월간신문예 도서출판책나라, 한국신문예문학회, 아태문인협회, 인사동시인협회, 나라사랑문인회, 신문예문예대학, 서울미래예술협회, 태극기선양문학회, 천지시낭송협회, 문인예술교류회, 강산문학회

새해에도 건강하세요   푸른 소나무와 같은 분들

단체사진   그만, 힘들어요

산을 오르며 한컷   아직 건재합니다   도창회 교수의 덕담

우리도 한장   새해에도 씩씩하게   드디어 정상입니다

8 _ 갈라파고스의 달빛

전주 봄 문학기행, 김용옥 작가와 함께
— 오목대·경기전·전동성당·이병기·신석정·한지박물관·한벽루 외 —

일시 : 2024년 4월 16일 (화) / 주관·주최 : 아태문인협회
후원 : 도시출판책나라 · 한국신문예문학회 · 인사동시인협회 · 서울미래예술협회 · 신문예문예대학
태극기선양문학회 · 천지시낭송협회 · 문인예술교류회 · 강산江山문인회 · 대한민국애국문인회

전주문학기행 왔어요

김용옥 시인의 해설

전주 한옥마을에 들어왔어요

한옥 담장이 생각보다 낮군요

담벽의 조각이 독특합니다

승광재 – 조선의 마지막 이석 왕손의 거처

겨긴 담벽을 다 가렸어요

가운데분 김밥을 준비해순 김재원 부회장님

남성들만 오너라

여성들만 오너라

오찬으로 민물매운탕 엄지척

금산사 – 3층으로 된 절입니다

주먹만한 모악산 벚꽃, 그냥 갈 수 없어서

주광일 박사님 앞장서서, 나를 따르라

모악산 금산사 입구

가운데 검정버버리 송경민부회장님 스페셜

부지런히 따라갑니다

벚꽃나무 아래에서

아태문인협회 여름해변학교

일시 : 2024년 6월 28일 (금) / 장소 : 구봉도 / 주관·주최 : 아태문인협회
후원 : 도서출판책나라 · 한국신문예문학회 · 아태문인협회 · 서울미래예술협회 · 신문예문예대학
태극기선양문학회 · 천지시낭송협회 · 문인예술교류회 · 강산江山문인회 · 대한민국애국문인회

일찍 도착한 시인들

지은경 박사의 인사말

뭐라고 위로의 말을...

부상당한 몸으로 사회를

임보선 시인의 바다 이야기

김석인 시인

차학순 인사동시협 회장

바다에 오면 무조건 좋아요

그늘이 있는 구봉도 바닷가

악병기 시인이 노래에 춤이 절로 나와요

문인예술교류회 김영용 회장

행복해요

포즈가 멋있어요

바다의 여인

동심으로 돌아가요

홍중기 시인

나도 한마디

갈매기도 감동했어요

여기서도 한 컷

우리는 다정한 친구

12 _ 갈라파고스의 달빛

구봉도의 해물탕은 최고

구봉도여 안녕

환경오염 없는 구봉도를 위하여

돌아갈 땐 청소도 깨끗이

돌아가기 너무 아쉬워

바다 시낭송

뮤지컬 '망대' 출연한 시인들

뮤지컬_망대_포스터

망대_출연진

박진우 시인 뮤지컬 배우로 출연

관람 시인들

성기환 시인 뮤지컬 배우로 출연

박진우 배우와 시인들

관람 시인들1

박진우 배우와 팬들

관람 시인들2

14 _ 갈라파고스의 달빛

2024 이런 일 저런 일

한국문인협회 단체사진

문인협회 김호운 이사장님과

중앙대 문학상 수상자 허형만 교수님과

축하꽃다발 증정

서미예 협력단체 심사위원 참석

서미예 전국시낭송대회 참여

문화예술교류회 행사 축사 참석

발간사

이사장 유 형

　생의 비늘이 반짝거리는 건 문학 때문인 걸, 문학의 꿈속에 사시는 아태문협 선생님들, 어느새 2024년의 끝자락입니다. 발길을 곱게 떼던 2024년의 첫날이 엊그제 같은데 벌써 연말이 다가오고 있습니다. 물러서지 않는 언어들 사이를 돌아다니다 보니 훌쩍 1년이 가버렸습니다. 선생님들과 꾸러미로 엮인 지난 한 해 행복했습니다. 보드랍기만 하신 선생님들의 손길을 생각하며 함께한 달콤한 날들, 소중했던 기억을 저무는 한 해의 밤 속에 미소 지으며 묻고 싶습니다. 그리고 새해를 맞게 되겠지요. 내년에도 우리 아태문협 동산에는 햇살이 따뜻이 내리고 분홍빛 뭉게구름이 피어나고 선생님들과 함께 또 한 해를 걷게 되겠지요.

　푸른 글꿈을 안고 큰 숨 쉬시는 우리 선생님들!
　번뜩이는 눈, 높다란 역량으로 새해에도 잡으신 펜에
　신들린 듯 향기 넘치는 글 많이 쓰시게 해주소서
　글 꽃잎 환하게 벌어지게 해주소서

언제나 고귀한 글바람에 서 있도록 해주소서
글춤에 늘 행복해 하시게 해주소서
더 아름다운 한 해가 되게 해주소서

건강하시고 좋은 일만 가득한 한 해가 되시기를 소원합니다.

아태문인협회 활동에 언제나 내 일처럼 협조해 주셔서 깊이 감사드립니다.

아태문인협회 이사장 유형 올림

격려사

문학은 사랑을 발견하는 일

지은경
(아태문인협회 명예회장 · 문학박사)

2024년도 아태문인협회 송년회 기념집 제10호 『갈라파고스의 달빛』 발간을 자축합니다.

문학이 우리의 영혼을 흔들어 문인명단에 이름을 올리고 글을 쓰는 문인 여러분 존경하고 사랑합니다. 일 년 동안 소중한 시간을 내어 쓴 글들이 향기로운 한 해의 결실을 거두고 있어 눈물겹습니다.

문인은 말과 글이 곧 삶입니다. 아름다운 세상, 가치 있는 세상, 격 있는 세상을 살고자 글을 쓰지만 세상은 만만치 않습니다. 사랑을 말하지만 세상은 사랑만으로 충만하지 않습니다. 앉을 자리를 찾아보지만 결코 빈자리를 쉽게 내어주지도 않습니다. 온갖 시기 질투, 증오와 혐오가 난무하는 현실에서도 문학인은 사랑을 발견하여 꽃을 피우고자 합니다.

문인은 새 시대에는 문학과 예술이 어떤 가치를 실현하고자 하는가 그 의미를 사유합니다. 정신노동인 문학은 인간 정신 최고의 이상에 도달하고자 합니다. 21세기 이전의 문학은 특수계층의 문학이었지만 지금은 문학과 예술이 일반화되어 문화가 되고 있습니다. 지구상에 무리를 지어 사는 동물들이 있다지만 질서와 조직을 정교하게 이루며 사는 집단은 인간뿐입니다. 인류는 공동체가 어떻게 융합하고 화해하는가를 풀어야 할 숙제로 남아 있습니다.

조선시대는 문학정신을 선비정신으로 계승 발전시켜 왔습니다. 조선 말기 패망의 원인은 개인의 영달을 위한 부정부패와 배신 등 패륜으로 얼룩졌습니다. 잃어버린 선비정신이 패망의 원인인 것입니다. 지금 한국사회가 100여 년 전을 되풀이하고 있습니다.

문인은 사회적 간접자본입니다. '국부론'의 저자 아담 스미스는 "사회적 간접자본은 국가발전 개발계획에 활용되어야 한다."고 말합니다. 사회적 자본이 단단한 사회는 신뢰를 기반으로 소통과 협력이 잘 이루어진다고 합니다. 문인은 단순히 나의 작품을 쓰는 것만으로 만족하지 말고 나의 지식을 사회화하여 주변에 영향을 끼쳐야 합니다. 사회에 좋은 영향을 미쳐야 문인이요 지성인 것입니다.

1990년대 문학의 종언을 발언하던 때가 30년이 넘었지만, 오히려 문학은 더 깊이 뿌리를 내리고 있습니다. 한강 작가의 노벨문학상 수상을 기점으로 한국문학은 개안할 것입니다. 문학의 각 장르마다 새로운 사유와 고민에 들어갈 것입니다. 깊어가는 가을, 문인의 시대적 소명을 깊이 생각하는 계절입니다.

황옥례 홍중기 홍윤표 한임동 한신섭 한상담 하봉도 하갑수 최혜영 최 춘 최임순 최영희
최병원 최동열 최돈애 최균희 천도화 차학순 지은경 주광일 조온현 조병무 조미령 조규수
정창희 정정남 정영례 정순영 정성수 정덕현 정근옥 전영모 전세중 전산우 전 민 장현선
장지연 임하초 임완근 임소리 임보선 이희선 이희복 이 효 이현경 이창식 이주식 이정희
이재성 이인애 이의영 이오동 이영경 이애정 이순조 이순자 이순옥 이선열 이서빈 이복자
이보규 이범동 이명우 이명숙 이근배 이규원 이광희 유 형 유중관 유자효 유숙희 우영식
우영숙 엄창섭 어윤호 안혜초 안종만 안정선 안재찬 안재식 안광석 신인호 신위식 신영옥
손도규 성기환 선유미 서재용 서영희 사위환 복재희 변종환 백영호 배정규 배승희 배성록
박혜진 박치원 박철언 박진우 박종대 박영애 박영곤 박숙자 박석현 박병기 박민정 박경희
민용태 모상철 명금자 맹태영 류영환 노유정 노신배 남현우 김환생 김현숙 김현숙(수영)
김태형 김태룡 김찬해 김진중 김종상 김율희 김영용 김영엽 김영순 김영수 김애란 김숙희
김수연 김선일 김석인 김민정 김민선 김미정 김명자 김도연 김금용 김규선 김관형 김관식
김경순 권규호 구재기 곽광택 강준모 강은혜 강에리

황옥례 명지대학 문창과 졸업, 한국신문예문학회 제8대 회장 역임, 시집 「목어의 눈」 외 수필집 다수.

구름 위에 놀다

겨드랑이 발바닥이 간지러워
빨개지도록 긁었어
어느새 하늘을 날고
손에 쥐고 있던 볼펜
커다란 구름붓이 되었어

구름붓으로 가는 곳을 쓰거나
말하면 순간 이동도 가능해요

북극 동토에서 흰곰 가족들 산책하네요
네팔 히말라야 안나프르나 한 바퀴 돌고
자금성도 만리장성도 흘러갑니다
서울 하늘도 남산도 지납니다
남미 브라질 이과수폭포도 살짝 보고요
한 번 더 가고 싶은 곳 칸쿤이 살짝 보이네요
아르헨티나 예수님 십자가는 키가 커서
구름 위에서도 잘 보입니다
유럽 스웨덴 인어상은 보일 듯 말 듯 프랑스 포도밭
거대한 왕궁도 구경하고
예루살렘 가서 예수님 탄생지도 보았구요

시

허늘을 날면서 보고 싶은 얼굴들 동그라미 그리면
부모님 형제 친척들 친구들 웃으며 지나가네요

여기는 근심 걱정 질투 시기 전쟁 같은 것은 없어요
만나는 사람마다 미소 짓고 손을 흔들어요
찡그리고 성낸 얼굴은 못 봤거든요

저쪽 구름 속으로 건너가려다 그만 발을
헛디뎠어요
아뿔싸!
아휴!
저런 저런!?

홍중기 베트남 나트랑,사이공 방송국 근무, mbc문화방송 공채 5기생, 한국전쟁문학회 회장, 시집 「아기 걸음마」

바닷물을 마시다

2024년도 여름해변학교 문학포럼이 아태문인협회 주관으로 지난 6월 28일 안산시 구봉도해수욕장에서 시낭송회와 함께 열렸다

뜻있는 행사에 참여하기 위해 새벽을 열고 나선다 지하철 4호선은 남양주시 끝자락에 매달려 성큼 다가온다

오남역으로 달리는 전철은 어느새 한강을 건너 현충원에 도착하고, 마음의 꽃을 놓고 조용히 비켜서는 슬픈 눈빛 남태령을 이별한다

오이도역엔 20분 전 9시에 도착해 일행을 기다린다
모든 분들이 제시간에 모여 차를 배정받아 바닷길을 달린다

안산시 구봉도 해수욕장은 앙증맞은 어촌의 모습을 입히고 있었다. 갈매기 떼들이 종종걸음으로 찾아와 끼륵끼륵 인사하며 기웃거리고 39분의 시인들은 돗자리를 펴고 앉았다

나무 그늘막은 돔처럼 패인 바위 둘레로 내려앉아 천혜의 냉방의 장소를 지은경 박사님 일행은 발품의 답사로 귀하게 얻은 장소였다

시

지은경박사님의 대표인사 말씀과 이어 도창회 교수님이
축사해주시고, 김왕식 문학평론가의 사회로 문학포럼을
펼쳐 39분의 시인들에게 문학정신을 풀어놓는 소리가
잔잔한 파도에 실려 수평선으로 가물가물 흘러갈 때

아! 우린 잊고 있었지요 우리가 편안하게 앉아있는 조
개 위 자리들, 수억 마리 조개들의 무덤이라는 걸 알았
어요

저들은 살아있을 때는 부드러운 살을 떼어내 주고 죽
어서는 모래톱보다도 단단한 조개톱을 이 보잘것없는
사람들에게 베풀고 있지 않은가요

시인의 길은 영혼을 쏟아붓고
감동을 안겨주는 바보 같은 머슴이 되는 것

난 오늘 슬픈 감동을 한 아름 안고 바닷물을 마신다

구봉도 조개들의 무덤에 앉아
우리들 삶의 곁에서 함께 살아가는
종種의 모습들을 생각한다.

홍윤표 홍윤표-당진시인협회장, 전영택 문학상 외, 시집 『붉은 무지개』 외.

과수원의 욕망 외 1편

해묵은 헛간 항아리에선 구김없이
새봄의 씨앗이 연하게 싹트고 있었다

봄은 포효를 여는 신록의 메아리
과수원에선 능금꽃이 활짝 피어올라
수확을 위한 꽃울림이 붉게 물들어
세세한 윤슬에 젖고 있다

고독은 무한한 철학의 산울림
능금 꽃이 열리면 익어갈수록 접과가 필요해
과수원 끝머리는 어느덧 안개처럼 질식하지만

가을이란 결실에 만족한 얼굴은 누구나
족한 종교의 안식에서 시학을 읽어감에 편했지만
과수원은 가을바람이 탈수록
수확의 욕망은 날로 컸다

풀꽃과 꽃

너는 피고 지는 초능력을 지닌 꽃식물이지

씨앗이던 꽃꽂이든 마다하지 않는
특성에 아름다움은 그 다음 다음

풀꽃이란 미명에 정좌한 자세로 앉고
바람에 나부끼는 별을 보며
언제나 이웃을 비방하지 않으며 그저
아름답고 고운 리듬만 들려주지 순수가곡처럼

설화처럼 나지막이 핀 채송화도
여름날 노을에 창을 열고
나비나 벌을 불러 향기와 속삭이지

꽃은 늘 깨끗하고 청렴하니
색깔이 곱고 아름다울 수밖에는 없어
천지에 계절을 기다리는

한임동 시인·수필가·서예가, 서울문학 편집위원, 남양주시인협회 자문위원, 시집『들꽃이 아름다운 이유』외.

마음 외 1편

사람은
만물의 영장이기에
겉 포장을 잘한다 그래야
너도 나도 호감이 간다

사람은
말로 서로 교감하여
친해지고 멀어지고
말로 모든 것이 이루어진다

그러나
마음은 보이지 않으니
그 사람
행동하는 것이
그 사람 마음이다.

시

마음의 종류

계획을 세워 노력하고
잘못된 일을 거울삼아
재발 방지하는 사람

남몰래 혼자 울어본 사람은
진실된 사람이다

약속시간 지키고
한결같이 믿음을 주는 사람
어려움 견디며 의지가 굳은 사람

변하지 않는 행동이
진실된 사람이다

남이 하면 따라 하다가
잘못되면 남 탓하는 사람
변덕이 심하고 귀가 얇은 사람

남이 알게 우는 사람은
거짓이 많은 사람이다

한신섭
길손백하, 시화집 『백두대간 그 안 이야기』1-2, 도봉문협·강북문협·신문예·한국산서회 회원.

윤지미산의 민초꽃 외 1편

누가 너를 민초꽃이라 불렀느냐
잊혀진 이름의 민초꽃이여
작은 몸짓 절규하는
너의 침묵 뜨거운 외침 꽃잎으로 말한다

사랑의 눈이 아니고는 찾아지지 않는
민초꽃이여, 잊혀지는 아픔 흙심장에
뿌리박고, 이슬 눈물 머금고 기다림에 피는 민초꽃
바람 부는 산야에서 오늘도 마지막 남은 씨앗
흙심장에 흩날린다

시

백두대간 탐방 목적

우리의 산을 참으로 좋아한다면, 지리산 천왕봉에서 백두산 천지까지, 긴마루금의 백두대간을 한걸음, 한걸음 걸어 보자
산을 그냥 산으로 만 보지 말고, 우리 삶의 일부이고 죽어서 묻히고 찬란한 우리 문화를 꽃피운 보물이라고 생각하면서 걸어 보자

산의 기운을 함부로 거스르지 않았던 조상의 심성을 되새겨 보고 물려받은 소중한 우리 산들내를 어떻게 잘 가꿀 수 있을까를 생각하며 걸어 보자

또한 무명으로 쓰러져간 민초들의 한이 담겨 있는 산을 이제는 우리 산 본래 이름으로 되돌릴 때가 왔다고 생각하며 걸어 보자

백두 큰 산줄기는 모두 487개의 산, 령, 봉, 재가 있는데 특이한 일은 한번도 물을 건너지 않는다는 것을 직접 확인해 보자

그래서 백두대간을 말할 때 "산은 물을 건너지 못하고 물은 산을 넘지 못한다" 라고 한다는 사실을 직접 내 눈으로 걷고 걸어서 확인해 보자

한상담
한국문협회원, 수원문협수석부회장 역임, 인사동시협회원, 경기도문학상 외, 시집 「바람의 통로」 외.

아내에게 외 1편

생시의 걸음마다 그대가 살아있어
흐름의 시간 지나온 삶의 길 부끄럽지 않을 만큼
그리 환히 걸을 수 있었나 봅니다
날마다 움츠러드는 어깨 위 그저 등대인 듯 서서
사랑의 고운 눈길 얹어 바라봐 주고
말하지 않아도 속 깊은 마음 기도 앞세우는 염원
하늘의 별들보다 더 빛났음으로
외롭고 숨 가쁜 흔들림의 길이어도
눈물마저 감추며 여기까지 잘 살아왔나 봅니다
꿈속의 걸음마다 그대가 살아있어
흐름의 시간 지나온 꿈길도 후회하지 않을 만큼
그리 곱게 걸을 수 있었나 봅니다
날마다 갈 곳 모를 목적지 그저 이정표인 듯 서서
사랑의 밝은 미소 얹어 끌어 안아주고
말하지 않아서도 속 깊은 마음 희망의 등불 켠 염원
밀물의 파도보다 더 고동쳤으므로
지치고 어두운 흔들림의 길이어도
설움마저 이기며 여기까지 잘 살아냈나 봅니다
죽어서도 못 잊을 사람 가슴으로 그려보는 당신
저무는 저녁노을에 얹어 영원으로 불러봅니다
아내여! 오롯이 내 가슴에 살아있는 새벽이소서!

사념의 시간길

때가 되면
그리워하지 않아도 풀꽃들 다시 피고
어둠 속에서도 별들은 다시 피어나리니
아름답게 그곳에 살아있으려니
결코 조급해하지 말자

때가 되면
샛강의 물결처럼 시린 눈물조차 가시고
들녘의 바람처럼 상심도 다 흘러가려니
찬란하게 그곳을 흘러가고 있으려니
결코 서두르지 말자

전언 없는 약속이겠지만
성숙한 깨달음도 착한 기다림 끝에서 피고
여물어 가는 결실도 오랜 흔들림을 지나
아주 천천히 다가서는 것이려니

발걸음마다 여유롭게 걸어가 보자
오월의 햇살처럼 느긋이 걸어가 보자
이 지상의 삶 마음 앞서는 사념의 시간길
돌부리에 걸려 쉽사리 넘어지지 말고

하봉도 아태문인협회 회원, 인사동시인협회 회원, 청담아름다운교회 장로, 시집 『하늘숲 오솔길』

겨울 햇살 외 1편

돌 틈 작고 깡마른
꽃나무 가지들

찬바람에 바들바들
떨고 있다

유독 추운 날
햇살은 안타까운지
조금 참고 견뎌봐

나보다
따뜻한 봄 햇살이
조만간 찾아올 거야

너희
이쁜 꽃을 피울 만큼

웃음

웃자 웃어보자

맘 울적하면 거울 보고
웃고
우스꽝 장면 생각하고
웃고

바깥 나가 하늘 보며
한껏 웃고
꽃들 보고 웃다 보면
구름도 빙그레
꽃들도 방긋 웃어주네

입 크게 벌려
한바탕 웃고 나서
정말로 웃고 있는
내가 있어

웃음은 만병통치약인가

하갑수 전 경상남도 교육청 장학사, 전 초등학교 교장, 교육부장관 표창, 시집 『뒤늦은 길』

들킨 마음 외 1편

몰래 숨겨둔 주머니 속 비상금
세탁소 입구에서 들키듯
가슴 깊이 숨겨둔 마음
술 취해 슬쩍 들켜버렸지

한창때 곳곳에 숨긴 마음
한울 속에 오래오래 살아오며
앙큼한 술래에게 잡히고 말지

낯짝과 눈동자 속으로
슬쩍슬쩍 고개 내민 마음
오래지 않아 그만 들키고 말지

내 마음 모두모두 잡혔으니
이 마음은 이제 술래 것이요

동장군 冬將軍

그토록 수다를 떨던 나무들은
모두 입을 닫았다
흥겨운 멜로디를 선물하던 개울물은
입을 닫고 차갑게 말이 없다
침묵은 금이라고 많이도 뽐내던 바위도
입을 꾹 깨물고 있다

3일 동안 말 문이 막혔다
부부간에 냉전 중이다
아이들의 재잘거림도 닫혀 버렸다

나에게 그렇게 많은 이야기를 속삭여 준
만물이 입을 닫고 아무런 말이 없다

너는 모두의 내면 깊숙이 파고들어
차가운 수양 훈련을 시키고 있구나

자신을 폭넓게 성찰하라는 매서운 가르침
겨울장군다운 채찍이구려

최혜영 시인 · 와인강사, 인사동 모나리자갤러리 썸머 아트쇼 창작상 수상.

그림은 그리움과 같아서 외 1편

물방울처럼 투명한 그림자 속에
사랑의 설렘을 담고
하얀 고독의 캔버스에
우리의 이야기가 미완성된 채 남아있다

그림은 그리움과 같아서
사랑의 미학은
서로가 만나는 순간마다 완성되고
다른 색깔의 추억이
서로의 마음을 헤아려내듯

그러나 헤어짐의 아픔은
미완성된 그림처럼 남아
애잔한 흔적을 남기는 사모곡

와인 속의 진실처럼

와인 속의 진실처럼
사랑의 깊이와 그리움도
그 안에 담겨 있다네
시간 속에서 천천히 무르익은 와인처럼
아! 아득하여라
한 모금 와인에 담긴
가닛레드의 진솔한 감정
그리운 목소리, 따스한 손길
와인과 함께 잔 속에 스며든다네
In Vino Veritas

최 춘 한국문협 독서진흥위원, 지하철시 공모 당선, 저서 『하나의 달이 천 개의 강을 비추듯』

풍년

저녁 아홉 시 뉴스. 어제도 오늘도 비슷한 소식이다. 그래도 행여나 밝고 희망찬 소식 있을까, 가난해지는 마음 다독이며 티브이 앞에 있다. 저쪽 가방 속에서 주인 찾는 휴대전화 벨 소리. 선배다

나, 지금 논에 나왔어
들어 봐
소리 들려?
그럼, 들려주려고 일부러 나왔지
운동화 신고 집에서 십 분쯤 걸어야 해
달빛도 은은해

김포 뜰 개구리 합창 소리
개굴개굴 개굴개굴 ……

뜻밖에 등장한 중후한 소리
멍
멍
멍
낮은 듯 굵게 이어진다. 마을 개들이 다 따라 짖는가 보다

시

옛날, 아주 옛날 일곱 살 아이의 집 앞, 개울 건너 논에서 개구리들이 노래했다. 마을 집집이 마당 지키는 누렁이들이 코러스로 등장했다. 함께 초가마을 밤 지키는 합창단이었다

개구리 소리 요란하면 비 온다고 한다. 비 오면 호흡하기 좋아서 힘차게 운단다
김포 개구리들 숨쉬기 좋은 밤인가 보다
김포, 풍년 들겠다
밤길 걸어 개구리 합창 들려준 선배의 지극한 정성으로 내 마음 풍년이다

최임순 시인·수필가·평론가, 한국문협회원, 한국문예작가회 부회장, 시집 『사랑의 꽃 새롭게』 외.

희망의 평화통일 외 1편

21세기 한반도 이산의 시효는 말없이
흘러 붉은 악마의 선 바라보는 마음
우리는 어찌하오리까

강물은 인고의 세월에 바람도 끝없이
적막을 깨우고 태고의 숨결 이어온
날카로운 각을 지워 우리의 낙원 영원하리라
이념의 절벽 길은 빨리 열리어
강과 강이 서로 만나듯

한탄강과 섬진강 수문을 열어
주상절리 절벽 우리 강산 맞이할 때
두 팔 벌려 환영하는 앞날 자손만대
번영의 날 평화의 앞날이 하늘 높이
용광로 불꽃처럼 휘날릴 것이다

아침 꽃의 향연

여명이 풀어 놓은 화폭
희미한 수묵화 펼치니 붉은 색상
변하는 생명의 능동
섭리의 고운 불꽃을 맞이한다

찬란함 바라보는 마음
손길로 따뜻한 가슴 토닥이고
속삭이며 가슴을 울리는 그리움
두 손 맞잡고 잔잔한 향기 간직하며
나의 심장이 되어준 그 사랑

붉은 꽃 피워 눈빛으로
어제의 향기가 정겨운 말로
가슴에 담아 애틋한 사랑
품어 번영의 정의로운 근원에
날개를 펼쳐봅니다

최영희 숙명대학교 졸업, 국문학 전공. 한국 신문예 문학회 윤리위원. 대구 가곡사랑협회 회원.

치자꽃 외 1편

유년의 마당
한 켠에 자리 잡은
치자꽃 나무

봄엔 온갖 꽃나무와
어울려 멀리 향기를
뿌리며 앙증맞게
피던 천리향

금방 분칠 단장하고 나온
새악시 냄새는
우리 엄마 냄새

여름 끝자락
마당 구석에 다시 핀
하얀 치자꽃 만발한

은은하고 상큼한 향내는
방금 면도하고 나온
새신랑 냄새, 아버지 냄새

시

사랑에 살고 노래에 살고

크래식을 좋아했던 소녀
감수성 풍부하고 호기심 많던 소녀
다정다감했던 바닷가의 여자아이

사랑의 꿈도
이상의 넓이도 바다 같아서
이리 기웃 저리 기웃
여러 개의 풍선 타고 날아다녔지

다시 늦게 시작한
음악과 시

마지막 인생의 무대에 서서
노래 부르며
시를 읊으며
인생은 진정 아름다웠노라
우렁찬 박수 소리 듣고 싶네

오늘도 한
귀가 열려오네

최병원 시인 · 수필가 · 서예가, 한국공무원문학협회 부회장, 아태문협 · 나라사랑문협 회원.

5월 가정의 달을 보내면서

계절의 여왕 5월은 가정의 달 이자 사랑의 달
어린이 사랑, 어버이 섬김, 스승에 감사, 삼위일체 사랑 주일
일찍이 독일의 시성詩聖 괴테는
"가정에서 평화를 찾는 자가 가장 행복한 인간"이라고,

오늘따라 출 필 고 반 필 면* 고사가 떠올라
두 딸과 손자녀들에게 가르친 기억도 없는데
우리 늙은 두 내외한테 출입할 때면
빼놓지 않고 고告하는 흐뭇한 모습을 보며
언제나 가슴이 뭉클하고 살맛이 난다오

세월이 흘러 이제 돌봐드릴 부모님도
아들 녀석도 먼저 곁을 떠나고
두 늙은이 서로 의지하며 살지만
눈에 넣어도 아프지 않은 사랑스러운 가족들이 있기에
결코 외롭지 않고 살맛이 난다오

시

5월 가정의 달을 보내면서
광야 같은 거친 세상 살면서
감사와 사랑의 물결이 온 누리에 샘물처럼 넘쳐
귀하고 소중한 가정의 달을 소망해 본다.

*출 필 고 반 필 면(出必告反必面): 예기의 곡례 편에 나오는 고사성어로 "나갈 때는 반드시 아뢰고 들어오면 반드시 얼굴을 뵌다"라는 뜻으로 자식은 부모에게 어딜 가면 어디로 언제 가는지, 돌아왔으면 얼굴을 보여주고 잘 다녀왔다고 인사를 하는 말이다.

최동열 충남대대학원 석사, 고등학교 교사, 세종미래교육연구소 대표, 시집 『바람이 속삭이는 말』 외.

잠시 멈춥니다

화려한 도시를 걷다
문득 그 자리에서 멈춥니다

멈춘다는 것은 무엇인가요?

착하고 인자한 꿈을 바라고
사회와 가정에서
많은 역할을 주고받으며

정해진 규칙과 비용으로
꾸준히 가야만 했던 길

조용히 생각을 합니다

바쁠 때 애태운 적 있었지만
용기가 없어 멈출 수 없었습니다

가던 길을 멈춘다는 상상은
모든 관계마저 끊어질 듯
불안이 엄습하고 두려워집니다

시

모르는 길에서 멈춘다는 것은
눈을 크게 뜨고
주변을 둘러보는 것입니다

처음 보는 아름다운 모든 세상
멈춰야 한다는 것을 알면서도
멈추지 못해 애태웠던 지난날

아픈 눈으로 세상을 봅니다
여행의 길에서 짐을 풀어놓고
흘린 눈물을 닦아내려 합니다

조용한 세상이 보입니다
멈추어야 할 길에서
잠시 쉬어 간다면
새로운 세상을 볼 수 있습니다

최돈애 2003동아일보 OP수필 당선, 송파문협 부회장, 미당서정주문학상 대상, 저서 『그대 그리움 삶이 되어』 외.

함박눈 외 1편

무엇이 그리 서러워
펑펑 쏟아 내릴까
서막을 내리고 싶은
계절의 팡파르
존재를 드러내고파
한바탕 모두를 덮었다

속수무책 바라보다
너의 진실 파헤쳐보니
외로움과 그리움이 결합하여
빚어낸 결정체

포근히 안아보니
함박눈은 온데간데없고
그로 인한
눈물이었네

그리하여 세상을 이겨내지 못한
나약한 것들을
따뜻한 가슴으로 품어 본다면
악이 변하여 선으로 눈 녹듯 돌아설 수 있을까

여름이 오면

여름이 오면 뜨겁게 사랑하고 싶습니다
춥고 소외된 그늘진 곳에서
슬퍼하는 이와 동행하고 싶지만
먼저 주님을 만나 사랑하는 법을
배우겠습니다

그때가 되면
우리들의 존재라는 소중함을 일깨워
서로에게 필요를 따라 채워주는 일상에서
그들과 손에 손잡고 행복춤을 출 것입니다

그리고, 거짓의 가면을 벗어 버린 후
진실된 마음으로 화합이라는
선한 싸움을 이겨낼 것입니다

이때라
푸르른 신록을 주셨으니
여름날 영글어 익어지도록
그들 생활 속에 파고들어
희망이라는 꽃씨를 뿌려 가꾸도록
기도하겠습니다.

최균희 1975년 조선일보 신춘문예, 언남중학교 교장, 사)어린이문화진흥회 이사장, 국제PEN문학상 외, 동화집·동시집·장편소설집·단편소설집 외.

(동시)
장대비 그쳐라 외 1편

주룩주룩 장대비야 그만 그쳐라
정성들여 가꿔놓은 농장의 과일
익기 전에 우두두둑 다 떨어지면
할아버지 머리카락 백발이 된다.

주룩주룩 장대비야 그만 그쳐라
땡볕 속에 가꿔놓은 텃밭의 고추
붉기 전에 시들시들 희아리 되면
할머니 고운 얼굴 주름살 는다.

시

내 별명

엄마는 나더러 꾸러기라 부르지만
아빠는 대를 이을 가보 1호래요
할머니는 나만 보면 우리 강아지
내 별명은 여러 개 싫지 않아요

선생님은 나더러 똑똑새라 부르지만
친구들은 얄밉다고 미운새래요
삼촌은 나만 보면 우리 꼬맹이
내 별명은 여러 개 싫지 않아요

천도화 한국문협 광명 명예회장, 제5회 월탄박종화문학상, 청소년범죄예방 협의회 사무차장.

질주

바람이 지나간 자리
수습하지 못한 구름은 저만치 달아난다

그만큼의 거리에서
뒤돌아본 순간 씨줄 날줄은 엉켜버리고
허락 없이 널브러진 파편의 악다구니가
도로에 흩어졌다

질주하는 차들의 무관심
뒤차는 방심으로 거리를 가늠하지 못하고
쾅, 쾅, 속도는 뒷목을 덮쳤다

순간, 검은 구름이 앞을 가리고
머리에서 번쩍 번개가 스쳐 갔다

병상에 묶여
바쁜 나날 조율하며 살아온 시간을 뒤돌아본다
누구를 아프게 한 적
상처를 준 적 있었던가

시

도로에서 산길에서 함께하며
발이 되어준 이십여 년
곁을 지키던 애마 코란도 몸져누웠다.

차학순 시인·문학평론가, 인사동시인협회 회장, 하유상문학상 외, 현)마두아성서학연구소 소장.

5월의 만월滿月

상현을 지난
달빛은 만월 되어 지천에 흐르고
그 달빛 아래 만상이 조용히 잠들어 있는 시간
새로운 역사는 태동되어 그 빛을 더하고
슬픈 영혼들이 하나, 둘 모여 환희의 노래를 부른다

여기는
밧모, 이지러지는 역사들 위에
차가운 서리가 겹겹이 내려 쌓이는 새벽
잠들 수 없는 영혼들이 뜨겁게 하늘을 바라보는 시간
눈가에 뜨거운 불빛으로 가득한 사도의 눈동자 속에
천년 세월을 뛰어넘는 영겁의 시간들이 활활 불타오른다

시

오직
주님 사랑하는 뜨거운 마음
그 마음에 따라 움직이는 순수한 영혼들
그 속에 포동의 한 젊은 청년도 있었나니
역사는 그를 주님의 마음을 지닌 사람
그리고 위대했던 주님의 사역자였다고 정의하려니!
그 장도壯途에 시온의 대로가 활짝 열려지기를!

지은경 시인·문학평론가·문학박사, 철학·예술학·문예창작학 전공, 서울시문학상 외, 저서 30여 권.

물가에 앉아서 외 1편

물가 옆에 앉은 물가物價
미친 듯 산으로만 달리는 물가
서로 핑계 대며 달리기하다가
물가가 물가에게
나 좀 잡아줘유
내 잘못만은 아니지유
박수치니까 나도 따라 해본 것뿐
육모방망이 든 살인물가가
물가에 앉아 물가에게 말한다
저 물이 기름이면 좋겠네

언어는 수술 중

너의 말을 알아들을 수 없어서
나의 말을 전달할 수가 없어서
미친 듯 절규하는 터널 속의 혀
악수握手가 악수惡手가 되는
통제력을 잃고 아귀다툼하는
가짜 평화와 타협하는 손에게
까르르 까르르 웃기는 세상
입속에서 춤추는 말들
날개 단 가짜 뉴스 날아다닌다
꽉 막힌 언어의 터널 절개해
꽃잎 향기 촘촘히 심어주면
의심을 의심하는 불신은 떨어져
우주의 언어로 새벽을 낳을까

주광일 서울고등검찰청 검사장, 한국문협 회원, 시집 『나의 꿈 나의 기도』 외.

가는 봄날 외 1편

내 마음 한켠에
큰 구멍 뚫어놓고
봄날은 간다
가고선 오지 않는 꽃잎은
어디에 숨었는가
일어서기도 전에
주저앉고 싶은 오늘
내 기도 실은 바람은
어디로 가야 하는가
밀랍인형 같은
슬픔을 남겨두고
가까이 다가온 어둠 속으로
봄날은 간다
붙들어도 붙들어도
봄날은 간다

등대

한 치 앞도 보이지 않는
캄캄한 어둠 속
성난 폭풍해일에 휩쓸려
사정없이 몰아치는 파도에도
나는 굴복하지 않으리
목숨을 걸고
끝끝내 내 자리를 지키며
한 줄기 빛을 무기 삼아
나의 소명을 다하리

조온현 《월간시》로 등단, 한국신문예문학회 이사, 시집 『아내는 아직도 풍선껨을 불고 있다』 외.

감感 잡다 외 1편

푸른빛을 잃은 버짐나무 이파리가 하나둘 떨어진다
하늘을 가렸던 여름 나무의 당당함은
가을 길로 들어서고 운동장 벤치에 누워 잠을 청하던
시골학교 담장 버짐나무는 학생 수보다 많았다

시끄럽던 매미 울음도 어디론지 떠나고
운동장엔 자전거를 배운다고 자전거 뒤를 잡은 아이만
우측좌측 번갈아 가며 소리를 지른다.

자전거는 기우는 쪽으로 더 기울어져야 하지만
사람의 길은 왼쪽과 오른쪽뿐이어서
나는 늘 넘어지지 않는 쪽을 선택했다

진리는 늘 기우는 쪽에 길을 만들곤 하지만
사람들은 보이는 길만 가리켰다
지금 어느 길에 서 있는지 몰라 쓰러진 나에게
늙은 버짐나무 이파리 하나 떨어지며
내 빰을 때린다.

맹물

어느 땐 안개로 와서
하늘의 구름이었고

어느 날 눈비로 내려온
강이며 호수 바다였다

그런 너는
암흑의 땅속에 샘물로 태어난
생명으로 인류였고
널 사랑한 눈물도 되었다

조병무 문학평론가·시인,「현대문학」(63-65) 등단, 한국현대시협 회장, 동덕여대 문창과 교수, 녹색문학상 외, 문학평론집「가설의 옹호」외.

산이여

사람들아,
산이 그곳에 있는
까닭을 아는가

푸른 나무와 산새
불어오는 바람, 흐르는 물소리
어울리는 세월
무어라 말할 수 있으랴

그것이 모두
산이 그곳에 있다는 것뿐
아무도 이를 알려고 하지 않는다.

그러나
오랜 역사 흐름 멈추지 않고
왔다가 가는 사람들아,

산이 머문 자리에
마음 묻어 두고 떠나간 사람들아,

산은 그들 마음 끌어안고 있을 뿐,
지금 말하지 않고

시

침묵의 눈으로 그곳을 지킨다는 사실을,

더러는 아름답거나 버리고 싶은 흔적을,
사람들은 모른다 하리라 마는
산은 그들보다 더 높고 낮은 자리에서
조용히 바라보고 있다.

사람들아
두려워하라.

산은 때로는 무서운 소용돌이의 불길을 뿜어
모두의 마음을 태우노니
머물고 있을 뿐 아니라,
소리 없는 소리,
무서운 빛으로 내려친다.

이곳에 머문 사람들이여.
산이 침묵으로 머문 까닭을 알아야 한다.

역사의 긴 흔적을 알면서도
눈으로 바라보고 있을 뿐
말하지 않는다는 사실을.

조미령 시인·화가, 신문예문학회 이사, 한사랑예술인협회 사무차장, 종로문협·한국가곡작사가협회 회원.

이별 외 1편

운무는 햇살에 흩어지는데
만남 뒤의 이별은
바위에 부서지는 파도처럼 허무해
우리의 시간은 한때 무한했으나
영원을 말하지 않네
누워있던 풀잎들은 부는 바람에
몸을 일으켜 새벽을 맞이하는데
남은 욕망은 끝난 시간 속에서 서성이네
무거운 짐 진 그대의 고달픔
이제 내려놓고 함께 동행을 끝내자
귓전에 맴도는 달콤한 속삭임은
육신의 고통을 끝내라는 악마의 유혹
집착을 버리고 또 다른 삶을 위해
희망을 노래하리니

우울했다 좋았다

따가운 가을 햇살에 눈을 감고
살며시 올려다본 하늘엔 뭉게구름
뭉실뭉실 그림을 그려 놓습니다
선녀와 나무꾼도 있고
호랑이 비둘기 초가지붕 강아지
눈길 머문 곳마다 그림을 그립니다
금방 내린 따뜻한 커피 한 잔에
그리운 얼굴을 떠올리고 잠시
생각에 잠겨 추억을 소환해 봅니다
사랑도 불러보고 세상 아름답게 웃고 있는
그대도 불러내어 지그시 바라봅니다
그간 아프지 않길 바라요
우울했었는데 그대 웃고 있는 모습에
다시 손을 뻗어 구름에 그림을 그려
소환했던 그리움을 웃으며 그립니다
걱정일랑 말라고 아무 걱정 말라고
우리는 날마다 새로운 꿈을 꾸고
우울했다 좋았다 반복하며 산다고

조규수 한국현대시인협회 사무총장·감사 역임, 현)현대작가회 부회장, 현대시협 이사, 시집 『별이 솟았다』 외.

당신 외 1편

길고 긴
기다림이다

지루한 시간의
연장이고 싸움이다

들여다보고
뒤집어 보아도
알 수 없는 길고 긴
어둠의 저편

얼마큼 더 나아가야
알 수 있을까

얼마큼 더 찾아야
보일 수 있을까

미로 같은
캄캄한 너의 그 속을

시

중환자실

중환자실 앞
울음이 새어 나온다

넓고 큰 미지의 세계를 향하는
솟구치는 힘

그 힘에 이끌려 사라지는
50, 60, 70대 그리고
아!
절규하는 10대의 젊은 꿈

여울의 흐름이 거칠다
시간을 따지지 않는다
잘못을 탓하지도 않는다

지구를 할퀴고
피를 훔치고 혼을 빼앗아 간다

곡성哭聲 만 존재한다

정창희 시인·수필가, 1968년 농민신문신춘문예, 모던포엠문학상, 저서 『메밀꽃』

강남 편지 외 1편

제비가 편지를 써 놓고
빈집에 늙은 할애비만 놔두고 갔다
뭣이 그리 급하여
아무도 모르게 줄행랑을 쳐 갔느냐
타향에서 옴팡집이라도 있으면
다행이지만 눈뜨고 코 베는
강남에는 깡통 전세가 판친다더라
남의 집에 얹혀 눈칫밥을
얻어먹지 말고 오거라
집 나오면 개고생이다
여름 내내 늬 네들 똥을 치워줬는데
고맙다는 말도 없이 갔구나
아무리 빌붙어 살았다고
그렇게 매정하게 떠나는 게 아니다
할애비는 허름한 집에 살아도
너희들처럼 정떨어지게 살지 않았다
강남에는 어중이떠중이
까마귀 떼들이 오합지졸 모여
사는 걸 모르느냐.

어머니의 밥상

어머니는 밥상을
한 번도 독상을 받은 적이 없다
소싯적부터 입때껏
설거지통에 서서 손이 불어
물 마를 새가 없었다
저녁 늦게 들어오는 새끼들
배곯을까 봐 공깃밥을
이불 속에 묻어놓고 기다리셨다
밥상 모서리에 앉아
찬밥 덩어리를 물 말아 먹는 둥 하다
자식들 생각에 수저를 놓으셨다
제금 나서 신접살림에
밥이나 제대로 끓여 먹고 지내는지
눈에 안 보이니 걱정만 하였다
어머니의 밥상은
걱정만큼이나 큰 밥상이었다.

정정남 현대시협 회원, 신문예문학상 본상 외, 한국신문예문학회 이사, 시집 「백미리 속의 무지개」 외.

강마을에 앉아서 외 1편

나 여덟 개의 산을 넘기를
80년이나 걸렸네

촉촉하게 빛나는
아침 이슬방울에 눈을 씻고
따스한 햇볕을 받으며
산들바람을 마시면서

여덟 개의 산을 넘기까지
가슴 떨리는 사람을 만나고
꿈을 심어주는 사람을 만나고
내 목숨줄을 이어주는 사람들을 만나고

콩나물시루에 물 지나가듯
흘려버린 만남들
오늘을 흘러가는 강물에
비치는 그림자라도 잡고 싶네

시

봉숭아꽃

시골 성당 꽃밭에
봉숭아꽃이 피었습니다

봉숭아는 봉숭아
성당 안에는 안 들어갑니다

성당 안으로 들어가는 날이면
봉숭아는
안젤라 꽃이라는 이름을 받을 거예요

한복이 더 예쁘듯이
봉숭아는 봉숭아꽃
우리 꽃 이름이 더 예쁩니다

정영례 한국문협 회원, 계간문예작가회 이사, 계간문예작가상 외, 시집 『남도 가시나』 외.

선물용 포장지 외 1편

으슥한 분리수거장 앞에서
알맹이 털린
헛헛한 가슴으로
이그러진 몰골 버둥대며 서 있다

처음 만나 몸을 맞대고
오밀조밀 가졌던
비밀한 약속
누설치 않으려고 안간힘을 쓴다

기억에서
점점 지워져 버린 주소
그의 이름도
잊은 지 오래다

바람에 너덜거리고
빗물에 후줄근 젖은 매무새
설레고 행복했던 웃음
옛일 홀로 더듬어 간다.

냉장고 여인숙

추우나 더우나 굳게 닫힌 문
투숙객들 노크 없이 여닫는다

오늘도 손님이 꽉 들어찬 방
서로 밀치고 포개지고
발등을 밟고
힐끔거리다 잠자리에 든다

얼음장 같은 방에서 아옹다옹하다가
하루종일 잠들지 못한다

성깔 있는 손님은 칼칼한 언어가 순화되고
얼굴 가득 생기가 돈다

속 앓는 주인은
찬물 한 컵 벌컥벌컥 마신다.

정순영 1974년 〈풀과 별〉 추천완료, 국제pen한국본부 부이사장, 동명대학교 총장, 세종문화예술대상 외, 시집 『시는 꽃인가』 외.

김장김치 외 1편

잘 익은 김장김치처럼 살아라
싱그러운 오뉴월의 하루살이 겉절이가 아닌
삶의 번민煩悶으로 첫 서리가 내리면

세상밭에서 뿌리째 뽑히어
속 노란 욕망의 배를 갈라 죄를 참회懺悔하며 죽고
말씀에 절여지며
고춧가루와 젓갈의 뭇 고난의 골고다 사랑을 믿음으로 죽어서
하늘을 숨 쉬는 교회장독에 안기어 거듭나는
잘 익은 김장김치처럼 살아라

날마다 말씀으로 죽고
날마다 말씀으로 새 생명을 얻는
익을수록 깊은 사랑의 맛을 전하는 김장김치처럼 살아라

시

나무의 귀

나무는 가지마다 귀가 있다
가지가 많은 나무일수록 많은 이야기를 듣는다
깊은 계곡의 옹달샘에 숨어서 반짝거리는 윤슬의 빛살 소리에서부터
유유히 흐르는 강의 깊은 숨소리와 쓸쓸한 들판 한 가장자리에 홀로 피어 흔들리는 풀꽃의 가녀린 목소리와 황량한 도회길거리 진눈개비 속에서 종이를 주워 모은 돈주머니를 '나보다 더 가난한 이웃에게 주라'는

정성수 한국문인협회 부이사장, 한국비평가협회 회장, 예총예술문화상 외, 시집 『세상에서 가장 짧은 시』 외.

사랑의 행방 외 1편

극약 같은 사랑은
어디 있느냐
배가 불러도 배가 고프다

시

사막을 건너는 법

누가 사막을 두려워하랴

모래언덕 아래 눈부신
저 푸른 오아시스

정덕현 한국문인협회 부이사장, 한국비평가협회 회장, 예총예술문화상 외, 시집 「세상에서 가장 짧은 시」 외.

어머님의 골무 외 1편

옛날 옛적 60년대 나 어릴 적
동백기름에 낭자머리
곱게 빗어 무명치마 단장하고
호롱불 등잔 밑에 수업하신 어머니

솜틀집 무명 솜 곱게 접어
아랫목 홑이불 펼쳐놓고
오른손 집게손가락 끝 하얀 골무
바느질하시던 뒷모습이 선하다.

지금이야 AI 디지털 초고속 시대
세월은 흐르고 지나갔지만
잊혀간 시간 속에 당신의 그리움
손바느질 수작업엔 꼭 필요한 물건

사랑과 정성을 담아 밤새껏
꿰맨 이불
엄동설한 위풍 없는 어머님 사랑
검지 손끝에 바늘귀 밀어주던 골무가
아직도 아내의
반짇고리에 잠자고 있다

시

시냇물처럼

인생은 흘러가는 것
저 시냇물처럼 흘러가는 것
나도 저 물처럼 흘러가리

흐르다가 바위에 부딪히면
비켜서 흐르고
조약돌 만나면 밀려도 가고
둔덕을 만나면 쉬었다 가리

길이 급하다고
서둘지 않으리
놀기가 좋다고
머물지도 않으리

흐르는 저 물처럼
앞섰다고
교만하지 않고
지쳤다고 절망하지 않으리

저 건너 나무들이
유혹하더라도
나에게 주어진 길 따라서
노래 부르며 내 길을 가리라

정근옥 시인·문학비평가·문학박사, 국제펜한본부감사, 서울교원문학회장, 시집 『수도원 밖의 새들』 외.

설중매 피던 날 외 1편

흰 눈이 철없이 내리는
어둑한 아침
창밖에 고개 내밀고 서 있는

매화나무 가지 끝에
봄을 그리워하는
흰 별이 다소곳이 떠 있다

내 마음속 한구석에 자라온
마을 앞 우물가에 피어있던
그리움 한 송이

동녘 바람에 쫓겨 와
어머님이 바지랑대 받쳐놓은 빨랫줄에
흰옷을 펄럭이며 몸부림한다

찬바람 잦아들고 울던 새 그치니
안개비에 젖었던 별이
말없음표를 찍으며 나부낀다

시

늦가을 바람이 분다

늦가을 들판에 바람이 분다
금강변 저녁 하늘에
하얀 반달처럼 살포시 사위어가는
내 어릴 적 기억 속의 첫사랑,
얼어붙은 나뭇가지 위에 잔잔히 흔들린다

나를 슬프게 하는 건
바람에 떨어지는 낙엽이 아니다
한겨울에 쓸쓸히 흩날리는 하얀 눈도 아니다
별처럼 멀어진 그대의 까만 눈동자
아직도 밤하늘에 반짝이고 있어서다

어두운 저녁 하늘 새록새록 떠오르는
그대를 떠나보낸 추억의 비늘들,
눈꽃보다 차겁게 볼 위에 떨어져 내리는
아, 이 늦가을 들판에 바람이 분다

전영모 현대시인협회 회원, 신문예문학회 자문위원, 현대시작품상 시집 『시간의 기억』 외.

길

'길'이란 단어는 자주 쓰는 흔한 말이다
길은 순우리말로 한자漢字를 쓰기 이전부터 사용했다
어감이 입에 척 감기며 친구처럼 긴 여운을 준다

길은 지름길과 에움길이 있다
지름길이란 목적지에 빨리 도착하도록 질러가는 짧은 길이며
에움길은 멀고 구불구불 험한 길을 빙 둘러가는 것을 말하며
둘레 길을 빙 둘러싼다는 '에우다'에서 나온 말이다

길이란 단어는 문학적이고 철학적이며 사유적이다
뒤안길 고샅길 논두렁길 푸서릿길 오솔길
후밋길 자드락길 돌너덜길 자욱길 벼룻길 숫눈길
질러가거나 넓은 길보다는
돌아가거나 좁고 험한 길에 붙은 이름이 많다

도로나 거리가 주는 어감과는 사뭇 다른 의미도 있다
'아무리 생각해봐도 길'이 없다
'내 갈 길을 가야겠다'라는 표현에서 보듯
우리는 평생 길 위에 있다

시

누군가는 헤매고, 잘못된 길로 가고, 한길을 묵묵히 간다
오르막길이 있으면 내리막길도 있고
탄탄대로가 있으면 막다른 골목이나 가시밭길도 있다

길은 목적지에 가기 위해서도 존재하지만
떠나기 위해서도 존재한다
길을 간다라는 말보다 떠난다는 말이 낭만적이고 애잔하다
결국 우리는 길 위에서 길을 물으며 살아가고 있다
지름길을 택할 것인가, 에움길로 돌아서 갈 것인가
지름길로 가면 목적을 일찍 이루겠지만
삶에서 필요한 것을 많이 잃을 수도 있을 것이며
에움길로 가면 늦지만 많은 것을 보며 지혜를 쌓을 것이다

살아 있다는 건 아직도 가야할 길이 있다는 것이다
곧은길만이 길이 아니고 빛나는 길만이 길이 아니다
굽이굽이 돌아가는 길이 멀고 험난할지언정
서둘지 말고 가는 것이다
삶은 곧 길을 가는 것이니

전세중 시인·소설가·작사작곡가, 한국민족문화연구회 회장 동요·가곡·대중가요 등 200곡.

꽃 외 1편

등불 밝힌 꽃 속에 황홀한 뱀의 피 흐른다

꿈틀대는 피의 전율, 난만히 번지는 야성

호젓한 숲속에 앉아 한세상을 넘본다.

시

다르게 산다는 것

다르게 생각한다는 것은
다르게 사는 것입니다

가진 것을 보여주는 것이 아니라
가져보지 못한 것을 찾는 것입니다

과거에 의한 것이 아니라
현재를 만들어 내는 것입니다

남들처럼 사는 것이 아니라
내 길을 사는 것입니다

인생이 살만한 이유는
무언가에 대한 신념과 열정 때문입니다

생각하며 산다는 것은
내 가난한 영혼을 살찌우는 것입니다

다르게 생각한다는 것은
확고한 나의 비전을 세우는 일입니다

전산우 시인·작사가, 시산문학 회장 역임, 시집 「사랑을 하면 가을도 봄」 외, 트로트 작사집 「다만 한 사람」

공지천에서

그날 밤 그 약속은 어디로 간 거니
호수에 달 뜨는 밤 만나자고 해놓고
나타나지 않는 사람아
나타나지 않는 사람아

걸어오는 저 사람인가
지나가는 이 사람인가
이리저리 쳐다보지만
처음 보는 얼굴들

불어오는 강바람에 가슴이 시린데
강물에 저렇게 달빛이 가득한데

그날 밤 손가락은 뭐 하러 걸었니
호수에 달 뜨는 밤 만나자고 해놓고
나타나지 않는 사람아
나타나지 않는 사람아

시

걸어오는 저 사람인가
지나가는 이 사람인가
이리저리 쳐다보지만
처음 보는 얼굴들

불어오는 강바람에 온몸이 시린데
공지천이 저렇게 달빛에 젖었는데
공지천이 저렇게 달빛에 젖었는데
공지천이 저렇게 달빛에 젖었는데

전 민 국제펜한국본부 이사, 한국현대시인상 외, 시집 「움직이는 풍경 화」 외.

세상 살아가며 외 1편

살아가다 피할 수 없으면
먼저 손 내밀어 체온 전하세
누가 해도 하여야 할 것이라면
뒤로 미적거리지 말고
내가 먼저 나서 해보세
지금 당장 앞으로 나가세

오늘은 함께 살아가야 하는
공생의 시간이기에
내 것은 하나도 없지
내일로 미루지 말고
오늘 나의 기억 속에 있는
사람들에게 골고루 나누세

그때

내일은 지금이 바로 그때
오늘을 아쉽게 보내놓고서
그때 좀 더 부지런했으면
그때 참으며 조심했을 것을
그때가 그래도 좋았다며
그때만을 그리며 추억한다

꽃이 한 때 만발했다가
시들어 땅에 떨어지고
찬란한 무지개도 순간이듯
청춘은 잡아 늘일 수 없고
사랑은 영원할 수 없기에
더 소중하고 아름답다

장현선 국제펜한국본부 회원, 부산시인 협회 회원, 저서 시와 산문집 8집.

수려한 섬 외 1편

물때가 지난 마른 길에 서니
괜스레 아픔이 밀려와서 간절히
가슴에 묻고 싶었던 신비의 요새
파라오의 병사들이 물 수렁에
나아갈 때 세찬 바람도 풍덩 잠겼나
서산 간월암을 찾는 순례자들은

가만히 달나라를 걷듯 고요하다
바위와 갯벌에 검푸른 흔적마다
지독한 고독을 깨물었다 암자의
청렴한 목탁소리 종소리 지나간
섬은 희망의 물새소리 끼룩 끼룩

* 시적 배경 : 충남 서산 간월암

역마차

고달픈 모래언덕을 달리던
마차는 저마다 사연을 싣고
말굽소리는 먼 후일로
죽죽 달렸다
오리건주 로즈버그*를 향한
흙바람의 분진은
신문화권의 사람에게도
여전히 먼지로 달라붙겠지
폴모리아의 역마차 연주는
마음의 고갈을 잠재우는
서정의 소네트다
세월을 실은 역마차에서 우리는
슬프나 기쁘거나 노래 불렀다
간이역에서 초조히 손님을
기다린 인력거도 반드시
마차에 세월을 실었다

* 오리건주 로즈버그 영화 역마차의 지명

장지연 시인·아동문학가, 신문예문학회·인사동시협 회원, 24한국문학예술진흥원 우수작품지원선정, 저서 『새벽 두 시』

겨울 사랑 외 1편

죽도록 사랑했던
아린 심장의 파편은
시가 되어 남았고
너는 떠났다

죽도록 미워했던
쓰린 감정의 찌꺼기는
시가 되어 사라졌고
나만 남았다

너는 떠났고 나만 남았다
사랑은 만년설에 묻혔다
상실의 시간을 지나는 심장은
지표가 펄펄 끓는 8월도 겨울이다

한파 앞에서 최후 변론

알몸으로 심판을 받는 나무
어떤 상처가 생겼는지
몇 마디 키를 키웠는지
옹이 지고 꺾인 마디마다
눈물로 쓴 사연 어찌 말로 할까
매서운 눈초리에도 묵비권을 행사한다
세상 만물이 훌훌 벗고
대자연의 심판을 받건만
피고인은 왜 칭칭 동여매고
숨기느냐고 호통 마라
보여주고 하소연한들 소용없으니
마스크로 가리고 털옷으로 덮고서
세월 상처 속으로 삼키며 견디는 거란다

임하초 시인·수필가, 세종시 출생, 현)시인문학회 회장, 시집 「나는 시소를 타고 있다」 외.

한강의 가로등 외 1편

강을 가로질러 가는 전철 따라
백로 닮은 노들섬이
접은 날개 펼 듯 펼 듯하여
서서 보는 내내 등이 간지럽다

입 짧은 잉어 떼랑
꼬리 짧은 오리 떼랑
안양천으로 도림천으로
마실 다닌 한강물이
저녁엔 제집 찾아서
요염한 비단 자락 펴고 눕는다

강변 아파트 끌어안은 강물 속으로
노을 가득한 유람선이
느리고 느리게 풍경을 건너가고
저쪽으로 용포 입은 듯 국회의사당이
물의 화려함을 끌어당기는 해 질 녘

어찌 한강을 앉아서 보랴
늦은 밤일 수록 강변의 먼뎃불빛이
저기 저렇게 고향의 어머니가
등불 켜고 서성이며 기다리듯
한강의 늦은 밤 고향이 되어 간다

시

늙은 어머니의 젖가슴이 가볍다

빵빵한 엄마의 젖가슴은 여기저기 아깝게
흐르고 흐르고 어머니 목숨만큼만 남아있다

헐렁한 빈 젖이 벽과 벽이 맞닿아
한 숟가락만큼 잔챙이 만져진다

젖꽃판 움킨 손의 말랑함이 첫 경험 되고
입안에 꽉 찬 보드라움 따스함이 세상이고

생은 평화와 자유뿐이라는 믿음 가지고
비뚤거나 비굴하지 않게 살아냈지

우주 생성의 임기가 끝난 젖무덤이
촛농처럼 스러져 가벼워도 자식은 안다

그녀의 조수操守한 삶 때문에 이 평화 누린다
어머니의 지극한 생을 이렇게 이어 간다

임완근 남북경제협력진흥원 원장, 통일문학상 수상, 시집 『오마니 나의 오마니』 외.

귓속말을 할 거야 외 1편

노을 지고
어릿한 밤이 오는 시간
눈이 시리도록 보고 싶은
사람이 있다는 건
행복한 일이지
그립던 이들마저
하나둘 잊혀지고
무료한 하루를 살아가는
절망의 시간이 다가온다 해도
나의 창가 빈자리에
꽃을 심을 거야
그리움을 불러내어
창가에 심어 놓은
작은 얼굴 꽃장미
붉은 뺨에
입을 맞추고
귓속말을 할 거야
너를 사랑해.

편지

이른 아침
쓰다만 편지 같은
시를 쓴다

보낼 수 없는
마음에 담아 놓은
장미 한 송이

향기롭게
피고
있다.

임소리 시인·음악가·문화예술교육사, 〈풀잎소리오카리나〉 대표, 연주교육자마르오카리나 찬양단장.

소풍 외 1편

눈 뜨며 하루의 시작
감사함을 가슴에 안고

살아 있음에 감사함
입술로 고백하며

산다는 건
희망이고 소망이고 기쁨이어서

살다 보면
미운 마음 고운 마음 지우며
모두가 감사해서

이 땅 위에
내가 존재하지 않으면
그 모든 것이 존재하지 않기에

오늘 하루의 시작도
소풍 가는 날이라 생각하며
즐겁게 하루를 시작합니다

시

어머니

함께 있을 때는 살가운데
표현하지 못하지 못하는 마음

어둔한 말과 서툰 표현
어머니 마음을 아프게 했습니다

도려내듯 아픈 가슴
어머니는 참으셨습니다

보고 싶은 어머니
이제는 만나면 말할 수 있습니다

사랑합니다 어머니
용서하세요

임보선 1991년 《월간문학》 시 등단, 한국문인협회 · 한국시인협회 회원, 시집 『내 사랑은 350℃』 외.

그리운 외갓길 외 1편

어린시절 그저 좋았던 가을날
외갓길이 즐거웠다
파란하늘 흰구름 뚝뚝 떨어지는
밤송이가 좋았다 소풍처럼 따라나선
어린시절 외갓길

들녘에 고개 숙여 기다림에 지친 익은 벼야
날아간 참새를 언제까지 기다릴래
내 마음도 이젠 익어 자꾸 등이 굽는구나

허연 억새풀 바람에 날리던
어린시절 그 외갓길
들길 산길이
오늘따라 왠지 서럽게 떠오른다

그리운 어머니 옛날 친정집
피붙이 살붙이가 하나둘 다 떠나가버린
이제는 허허한 아련한 추억뿐인 그곳을
언제 다시 가보랴 꿈에서나 가보랴
그리운 외갓길.

산이 나를 닮았네

산은 수시로 나를 부른다
수줍은 새색시 마음으로
분홍빛 물든 따뜻한 봄 산

열정과 용기와 때론 오기로
힘이 넘치는 짙푸른 여름산

어느 골짜기든 비좁은 바위틈새까지
물들어 유혹하는 불붙은 가을산

불쌍한 산짐승들 깊은 곳에 숨겨주고
든든한 바위처럼 입 다문 채 끄떡 않는 겨울산

언제나 제자리서
계절 따라 마음 변하는 그 모습
산이 나를 닮았네

이희선 한국문협 서정시 연구위원, 한국예술가곡창작협회 부회장, 황진이문학상 외, 저서 『멈춰선 그리움 여울지는 그리움』

마음 저리던 날 외 1편

하늘마저 무섭게 요동치던 날
홀연히 낙엽 밟고 떠난 그대여

그리움은 웃자라 산처럼 쌓여가고
죽순처럼 솟아나는 쓰라린 아픔

봇물 터져 밀려오는 그날의 트라우마
앙금으로 가라앉아
용트림 잠재우고 숙명으로 남아
하늘과 땅이 맞닿은
빙점

텅 빈 자리 위로
마음 아파 애절한
허무한 내 사랑.

끝없는 사랑

참사랑의 종말
모든 것은 정지되고 끝이 났지만
남아있어 그대로인 내 사랑은
어디로 가야 하나

그대 사랑 닿는 곳에
내 사랑 두고 올까
그리하여 못다한 사랑
그곳에서 이루리라
그대 내 사랑이여

숨통을 조여 오는 가슴앓이도
숱한 세월 속에 묻혀갔을 터인데
안타까워 말자 그대 숙명이었음을

애써 외면하지 말고
그렇게 기억하자.

이희복 시인·수필가, 국제펜 이사, 영랑문학상 외, 시집 『그리움과 사랑』 외, 수필집 『아름다운 동행』 외.

뒤돌아본다 외 1편

흘러가는 강물이
돌아오지 않듯이

삶도 흘러가면
돌아올 수 없는데

마음은
부질없이 뒤돌아본다

호수에 담긴
모습이 아름답듯이
지난날이 그리운가 보다

파란 하늘
단풍잎 떨어지는 가을에는
미련도 없는데 자꾸만 뒤돌아본다

시

그리움

구겨진
은박지처럼

수평선 잔물결에
햇살이 빤짝인다

내 영혼에 박힌
하얀 소금알갱이

외로우면 그 추억들이
그리움으로 빤짝인다

이 효 인사동시인협회 사무국장, 아태문인협회 이사. 시집 『장미는 고양이다』 외.

첫눈이 내리면 외 1편

오랜 시간 나무의 비밀은
자동문처럼 가슴을 연다
동백꽃 한 송이 뚝, 눈 위에 떨어진다
붉어진 눈송이 안부가 울먹인다

빨강 망토의 소년은 사라지고
가지마다 쌓인 오래된 그리움
마른 잎으로 어제를 털어 낸다
오늘은 방안까지 눈이 내린다

계절을 쓸고 밀어 보지만
눈이 녹은 벽지마다 얼룩진 슬픔
사방은 온통 붉은 이름 석 자
꽃무늬로 흔적을 남긴다

마음에 창문을 내고, 깊고 우렁한 이름 하나
기억의 나무에서 말은 건다

첫눈이 나무에 앉으면
돌아온 첫 키스가 새초롬히 꽃처럼 떤다

루주가 길을 나선다

잊혀진 한 사람이 그리울 때
안부는 붉다

시작과 끝은 어디쯤일까

헤어질 때, 떨어진 저 침묵

루주가 진해질수록

그리움의 변명은 파랗다

인연은 호수에 배를 띄워 다가가는 것

거울 앞 침침한 시간들

부러진 루주 끝에도 심장은 뛴다

내가 먼저 길을 나서는 것은

슬픔과 후회가 거기 있기 때문
운명을 바른다

이현경 《시현실》 등단, 제20회 탐미문학상 수상 외, 시집 『맑게 피어난 사색』 외.

속을 열어보면 외 1편

늦은 밤 책을 보는데
전등 빛의 농도가 옅어지더니
이내 불이 꺼졌다

빛으로 날아오르지 못한 활자들이
와르르 쏟아지고
뚜렷했던 것들이 순식간에 어둠에 갇히고 만다

스위치를 다시 올려도
더 이상 빛이 나오지 않는다

겉보기엔 멀쩡해 보였던 등이
속을 열어보니 검은 무늬로 있다

켜켜이 쌓인 고요 안에
번져있는 멍을 어루만진다

겉은 태연한 척, 차갑게 퍼져있는 멍들
내 가슴도 저렇다

작은 구멍

빨랫줄에 널린 옷에 작은 구멍이
햇살 좋은 허공을 자른다

동그라미를 공중에 걸면
작은 구멍만 한 구름이 지나가고

바람이 지나가는 그 홀 속으로
아침과 저녁이 있다

다물어지지 않는 입구처럼
햇볕을 고정시키고 있다

하얀 섬유에 생긴 시선의 표적

저녁해가 물러나면
뭉개지는 빛의 구멍

이창식 《월간신문예》시 부문 등단, 제9회 하이데커문학상, 시집 『생각꼬투리』

봄날 외 1편

오솔길 걷다가
굼틀 봄이 밟힌 듯하여
까치발로 눈치 살핀다

키 작은 민들레
노란 웃음 짓고
쫑긋쫑긋 풀싹 만세 부른다

발아래 딴 세상
함부로 발 내민 일
이렇게 미안한 날도 있다

눈 뜨고 못 보는 것
봄을 딛고서야 봄을 알고
길섶에 앉아 봄이 되었다

팝콘

세월을 돌려놓네
입속에서 쿵짜작쿵짝
구수하게 트롯 박자를 춘다

살다가 무거운 날 있다
늙은 LP판처럼 굼뜨고
생각은 뒷걸음 쳐 가고

바람 빠진 고무공
통통통 꿈은 있어
죽은 듯 되살아나는데

제 맛 잃고
아스팔트에 까만 얼룩
껌의 껍딱지

호박은 늙어 맛쟁이
사람은 늙어 멋쟁이
팝콘에서 길을 본다

이주식 2013년 문예사조 등단, 제천시청문학 회원, 아태문협 회원, 시집 『달빛물결』

대나무 외 1편

견고한 뿌리의 뻗음
올곧게 하늘을 찌름
물들지 않는 푸름
속을 비우는 벗음은
지하세계 진주에 밀려
수장고에서 진공상태로 숙면에 들었다
대쪽의 수양도
변함없는 품격도
자연 현상이라고

눈에 보이지 않던
수억 년 지하세계가 열리며
상상을 초월하여 날아오른다
형체도 없는 물질이
변화하며 세상을 움직인다
거대한 물질의 물결
절대적 원소의 자아
자유로운 바람을 보았다
향기를 보았다
너의 시대도 자연 바람이라고

사원

불꽃을 보았다
순간 몸이 타올라
빛이 되어 중력을 뚫고
무한대로 뻗어 나갔다

수많은 별들이
불꽃을 향해 모여들어
함께 타들어 가
별똥이 되어 쏟아졌다

운석을 모아
불꽃을 형상화하여
빛의 궁전을 세웠다
꽃이 피고
불나비가 우화하고
별이 탄생하여
돌고 돌아 꺼지지 않는
불씨가 되어 반짝인다

이정희 문학박사 · 시인 · 수필가, 선문대 교수역임, 국제펜한국본부자문위원, 수필집 『편견의 저편에』 외.

세모歲暮에 외 1편

지나간 것들과
닥쳐올 날들의
엇갈림 속에서
나는 지금 어디로 가고 있는 것일까

달이 가고 해가 가고
너도 가고 나도 가고
잊혀져가는 어제와 알 수 없는 내일
나의 삶은 어디로 향해 가고 있는 것일까

어쩔 수 없이 살아가는 군상들
그 속에서 일어나는 숱한 일상이
어제와 같을 수 없는 오늘
나는 또 무엇을 찾아
방황하고 있는 것일까

내일

치열했던 하루가 지나면
우리의 열망도 멈추는 시간
기다림에 이어서 맞이할 내일
무지개 빛 보람을
나는 꿈꾸며 기다리고 있나니
영혼이여 깨어나라

힘들고 고단할지라도
소중한 오늘이여

내일은 꽃피고 하늘도 열리려니
소망과 기다림의 순간들
두 손 마주잡고 합장으로 간구해도
내 젊은 한때도 얼룩진 영욕도
추억의 숨결이어라

바람 부는 새벽도
햇빛 비치는 아침도
내일의 소망도
모두 꿈이어라

이재성 한국문인협회 회원, 한맥문학 자문위원, 저서 『인공 낙원』

전철 외 1편

오는 사람
가는 사람
지위고하 막론하고

배차 규정 철칙 따라
분초分秒 지켜 여닫으며

시민들의
발이 되는
바다 같은 님이시여

탈속脫俗

두 번 살 수 없는 나
돈은 젊음을 망가뜨렸다

여자는 고통을 안겨주었으며
술은 나를 임금으로 받들어주었다

풍류風流와 낭만은
탐미耽美의 원천

천고千古의 시름 잊고저
오늘 황금 술잔을 부딪친다

이인애 한국신문예문학회 사무총장, 인사동시인협회 운영위원, 제11회 월파문학상 수상, 공저 「마음의 평안을 주는 시」 외.

아르키메데스의 비둘기를 날리다 외 1편
- 유레카

하나 들어간다 하나가 나온다
둘 들어간다 둘이 나온다
셋 들어간다 셋이 나온다
다섯 들어간다 다섯이 나온다
열 들어간다 열이 나온다

채우면 채운만큼 꼭 그만큼
퍼내면 퍼낸 만큼 꼭 그만큼
저마다의 그릇만큼 꼭 그만큼
비워지고, 채워지는

지네

천형인가 신의 가호이련가
쫓기듯 도망치듯 늘 허둥지둥

천 개의 노를 저어 달려나가자
빛을 갉아 먹어버린 어둔 공간 속
머리 푼 아라크네가
영원토록 젖지 않을
꿈 한 자락 에둘러 짜던 곳

날 선 눈초리에 얼어붙은 몸뚱어리
영겁의 족쇄라도 채워진 걸까
기어도 걸어도 모로 눕는 진자리

수많은 발길질로 벽을 밀어 올려도
열자 우물 안을 벗어나지 못한 채
밝은 곳에 설 수 없어 멍든 가슴
너는 정작 길어서 슬픈 생명체

이의영 서초문학회·세계시문학회 이사, 신문예지도위원, 서초문학상, 저서 『어느 풀꽃의 랩소디』 외.

사노라네 외 1편

하늘 저 높은 곳에 계시는 분이
세상 구경 한번 해보라 하시어
사노라네

보슬비 맞으며 돋아나는 새싹같이
알을 깨고 나온 병아리같이
사노라네

무지개를 보고 가슴 뛰는 소년같이
거센 물결을 헤쳐 오르는 송어같이
사노라네

수 미터를 떨어져 내리는 폭포수같이
날 지난 무겁고 거추장스런 덫 옷같이
사노라네

시간에 떠밀리고 세월에 이끌려 가며
하늘 저 높은 곳에 계시는
그분 만날 날이
언제일지 아니면 내일일지도 모르며

시

봄 처녀

버드나무 마른 가지에 봄물이 돌아
연초록 꿈이 안개처럼 어리는
달 밝은 밤
이화 꽃잎에 부서지는 달빛은
요기롭고
아련히 들리는 두견이 울음소리
심금을 울리면

마음이 달뜬 봄 처녀는
가슴앓이를 시작한다

저만치 핀 한줄기 봄꽃에도
대나무숲을 지나는 바람 소리에도
보슬비 내리는 날
물먹은 가지에서 우는
꾀꼬리 소리에도
가슴 설레이며

흐드러진 벚꽃 가지에
숨은 정 걸어놓고 꽃길을 서성인다

이오동 아태문인협회 회원. 매월당문학상. 시집 『먼지의 옷』 외.

갈대 습지

갈대가 습지의 등에 침을 놓는다
노랑 간호복을 입은 창포와 수련이 옆에서 거든다
저 뿌리 깊은 침, 바람이 흔들어도 끄떡없다

어릴 적 옆집 한약방 아저씨
큰 못을 숫돌에 갈아 대침을 만들었다
업혀 온 사람들은 비명 한 번에
제 발로 걸어나가니
마을에서는 맥을 잘 짚는 명의라고 했다

먹빛 얼굴로 고통스럽던 시화호
갈대 침을 맞고 푸르게 살아났다
원앙새 황조롱이 해오라기 장다리물떼새가
둥지를 틀고
너구리 수달이 달빛에 기웃거린다

흔들려도 맥점을 놓치지 않는 갈대
용한 의원이 있다는 소문 듣고
물고기며 새 떼가
제 상처를 씻으려고 찾아들고 있다

시

바람에 흔들리는 방법을 터득한 갈대가
오염된 자연을 회복시키고 있다

오늘도 안산갈대습지는
침을 맞으려 찾아온 손님들로 만원이다

이영경 동국대학교 문화예술대학원 석사졸업, 인사동시인협회 이사, 시집 『눈꽃』 외.

물 외 1편

물의 흐름은 자연현상
어머니의 양수에서 태어나고

작은 곰 인형 거울 안에 들어간 모습
어머니, 어머니, 나의 어머님!

토끼띠 3명을 연결한 소중한 인연
생명의 물을 마시고 살아가고

문이 열리면 시원한 공기가 들어오듯
물이 맑으면 세상은 깨끗한 옷을 입는다

생각의 공간이 넓어지고
세상의 폭이 생기는 시간

지금 이 시대가 '시'의 황금기
물 만난 고기 떼

달꽃

달밤에 핀 달꽃 한 송이
하늘 위를 달빛으로 가득 채우고

그윽한 달꽃의 은은함을 가득 품고
딱 한 송이만 피어있는 그 꽃

달 아래 그윽함을 가득 뿜어져
온 세상에 빛이 되리

귓가에 들려오는 다정한 목소리
100M나 되는 그 아이에게 달려가고 있다

1m 앞에서 놓쳐버렸다
그 아이가 달려갔기 때문이다

그림 안으로 들어가 버리고
바람의 속삭임은 달꽃으로 홀린다

이애정 국제펜한국본부 사무국장, 한국문인협회 이사, 문체부장관상 외, 시집 『다른 쪽의 그대』 외.

폼페이에서 사랑하기 외 1편

폼페이에서
판화가 되어버린 연인을 만났다
사랑은
딱 한 장의 한정판限定版의 판화
너와 나를 새겨
깨고 싶지 않은 꿈

생애를 결정하고
설명하는 것은 어렵지만
유서 같은 판화 한 장

사랑한다면 이들처럼
산 채로 돌이 되고
흙이 되고
흔적이라도 남을 때
그것은 그리움
더 이상 굴레는 돌아가지 않아도

오늘은 하루뿐이다

점 · 시간 · 나

시간은 점점 거만해지고
나는 점점 소심해진다

관계가 무거워지면
존재는 무거워진다

혼돈은 뜨겁고
착각은 차갑다

두드려도
열리지 않는 문이 있다

이순조 은점시문학회 회원, '고운시' 동인 총무, 한국신문예문학회 회원.

저수지 하늘 풍경 외 1편

마음을 씻는다

속리산 세조길
초록 숲 불타고 있다

새소리와
함께 걷는다

물소리에 귀를 여는 저수지
망상을 씻는다

불타는 하늘 풍경
저수지가 뜨겁게 끓어오른다

세수

무심코 차창 밖을 본다

일주문 앞에서
예를 갖추는 바람

천왕문 들어서자
등운산이 반겨준다

바람에 몸을 맡긴 낙엽
고운사 법당을 들어선다

이순자 한국문협 회원, 백일장 다수 당선, 시집 『홀씨 되어 나비 되어』

민들레 외 1편

잿빛 시멘트 틈새 비집고
곧추선 고개 지근지근 밟히다

문득,
정신을 차리고 바라본 세상은

어느덧 희뿌옇고 차가운 바닷길 홀로 선 등대처럼
외로운 길에 서 있었다

한참을 치대어 무던해진 시선으로
오롯이 지켜낸 날들

어느 고단한 발길 하나
걸음 멈출 즈음에

새하얗게 품은 둥지
새파란 하늘로 아낌없이 뿌리리다.

설중매

언 땅 심연의 지층에서
치열하게 끌어올린 선홍빛 순결

생사를 뒤트는 순간에도, 어엿이
하얀 눈발 휘모는 바람에게 당부한 말씀

잠시 머무는 이여, 부디
경솔한 소리 내지 마시오.

이순옥 한국문협회원, 한국신문예문학회 이사, 지필문학 부회장, 제8회하이데거문학상 외, 저서 「개기일식」 외.

슬픈 늙음 외 1편

파삭한 가을볕
그 속을 떠도는 금빛 먼지
눈길 닿는 모든 것이 아름다운 날인데
차양 아래로 길게 뻗어온 햇빛 한 줄기가
가만히 당신을 먼저 보낸 작별 인사인 양
빗금처럼 가로놓였습니다

흔들리는 꽃잎의 소리를 들을 수 있을 것도 같은
나른하고 고요한 오후의 바람이
한적한 주말
오후의 길 위로 흘러갔습니다
머리 위로 드리워진 나무의 그림자를 닮은
슬픔에 관해서는 깊이 생각하지 않았습니다

마지막 허영의 베일마저 벗자
마음이 한결 홀가분해졌어요
저녁의 그림자처럼 길게 자라난 슬픔은
흐르는 노을에 실어 떠나보냈지만 결국
의지를 배반하는 대답을 내어놓았습니다
이제 남아 있는 이생의 모든 날이 이러할 터이겠지요

시

비를 부르는 아이

20개월 외손주가
맑고 쾌청한 날
느닷없이 잘 놀다
틀을 불어댄다

비 오려는가 보다
이구동성 비가 올 거라 한다
그동안 아이가 틀을 불면
분명 비가 내리긴 했지

예로부터
아이가 틀을 불면 비가 온댔다
아이가 부는 틀과
비와 상관관계는 어찌 성립되어 있을까

아이가 틀을 불며
비를 모아오고 있다
기상예보는 맑음이라는데
아무래도 내일 아침이면
기상예보가 바뀔 것이다
나의 팔다리도 아이의 투레질에
쑤셔오는 걸 보면

이선열 경향신문·동아일보 신춘문예 당선, 《월간문학세계》 문학평론 대상, 국립한국체육대, 경복대, 호원대, 겸임교수 역임.

산수유 붉은 열매 알알이

채송아꽃, 봉선화꽃 가득 찼던 어머니의 뒤뜰
창문을 여니 아직 차운 바람들
자꾸 뭐라고 수런대는데
산수유 몇 그루 붉은 알알 저리 매달고
아직 불꽃으로 타오르던 흔적 남아서
잘 보이고 잘 들리네
사무치는 그리운 목소리
그토록 꿈꾸듯 큰 기지개 켜던 지난해 봄날
산수유 꽃 호르르 호르르 노랗게
돌담에 일렬로 서서 온 세상을 가득 분칠하고
달콤한 웃음으로 찬란했지요
차마 작년까지는 미처 몰랐던 설움 같은 침묵
지금 뒤뜰 봄날 산수유꽃
넉넉한 어머니의 손길 묻은 지난봄 같은 봄을 또 기다
리는데
어머니는 무슨 비밀스런 이야기를
저 산수유나무와 얼마나 서로 주고받았을까
창문을 여니 아직 차운바람들 머무는 뒤뜰
봄을 기다리는 산수유 꽃나무 가지마다에 매달린
붉은 열매 속에

시

아마도 그때 봄날 포근한 바람과 햇살
수틀 속처럼 칠색 무지개로 남아
무수한 그리움으로
내 가슴안에 자꾸 기어들어와 쌓이네.
망설이는 나에게 머잖아
봄꽃처럼 파고 들어오는 어머니 목소리
지난해 산수유 붉은 열매 알알이 매달려
불현듯
내 핏줄 속 선연히 흐르는 붉은 산수유 열매
어머니의 무성한 사랑처럼
돌아올 봄날 꽃가지엔 산수유꽃으로
무성하겠네 오 우리 어머니

이서빈 동아일보 신춘문예 시 당선, 한국문협 인성교육개발위원, 소설 『소백산맥』 영주신문 연재 중, 시집 『달의 이동 경로』 외.

감정 근육

감정에 근육을 키우기 위해 운동을 시작한다

그리스 신화 읽다가 神을 버리고
만물의 근원 물이라고 한 탈레스를 읽는다
신들이 행간을 뛰어다니며 눈을 흘긴다

오르한 파묵의 순수 박물관을 생각하다
전쟁과 평화를 생각한다
퓌순이 생각의 바짓가랑이를 잡고 늘어져 나를 미치게
한다

창의력 사전을 보다 한여름에 눈이 펄펄 내려
고도를 기다리듯 첫사랑을 기다리는데
심장이 쿵쾅거리며
발정기 암내 내는 소처럼 길길이 날뛴다

이놈의 사랑 감정 근육은 어느 고삐에 매어야 할까?

눈이 첫사랑을 태우고 날아내린다
감정 잠재울 강한 근육제 찾는 사이

시

제기랄!
백록담에 잠들어있는 공룡을 물리칠 수 있을 것 같은
감정 근육이 불뚝불뚝 일어나
온몸을 손오공처럼 공중에 띄워놓고
허공에서 맹렬히 싸운다

책을 덮고
생각을 지우고
멋대로 날뛰던 감정 근육 운동 끝내면

감정 근육에 붙어 단단히 뿌리내리고
가임기로 몸 달뜨게 하는
예전 사랑 털어낼 수 있을까?

이복자 국제펜한국본부 이사, 김기림문학상 수상 외, 시집 『피에로의 반나절』 외.

오아시스

도도한 생존의 꽃
혼자라는 것에 대한 자만이 가득할 때
목마름의 세포 곤두선 자를 향해
삭막한 우주에 피는 물꽃

탄생의 비밀조차 차마 묻기 어려운
고도의 시련을 넘고 넘어 실 같은 통로 끝
모래성이 물 빠지는 습성조차 버리고 몸 받쳐 이룬 호수는
어떤 신비로움으로도 말할 수 없는 감로甘露

외로운 나그네는 그 물 한 모금이
한 방울의 고독을 쌓아 올린 탑의 조각이라는 것을
고독을 잠재우려는 자는 그 물 한 조각 입에 물면
인생이 청정으로 농익는, 그것을 알리라

시

깊이 여물어 사막 생존이 고독할수록
찾는 자의 해갈 기쁨이 아름다운 갈망의 신화,
수심水心을 어찌 다스리고 카워야 맑게 자랄까
물꽃 피울 씨앗들 품고 지독한 명상에 잠긴다

목마른 자를 기다린다.

이보규 시인 · 수필가, 용인대학 · 호서대학 외래교수, 저서 『이보규와 행복디자인 21』 외.

아침 외 1편

아침을 좋아하는
이유가 있습니다

지난밤
어둠을 제치고
이룩한 밝은
새날이기 때문입니다

우리도 아침처럼
어두운 장막을
헤쳐내며 밝게 살아요

태양이 아침을
열어 주듯이
늘 그렇게 살자고요

행운을 찾아서

행운을 잡으려고
네 잎 클로버를
찾으려다
허탕을 쳤습니다

엉뚱한 곳에서
헤매고 있었습니다

나의 행운은
바로 옆에 있는 그대인데
지금까지 모르고
살다가 이제야 알았습니다

이범동 한국문인협회 회원. 제11회 신문예문학상 수상, 시집 『지면꽃』

인생의 웃음 외 1편

바람결에
나부끼는 한 떨기 꽃처럼

영생永生하는 삶이
생명의 발아發芽인 것을…

한 세상
아름다운 꽃향기 전하는
향긋한 웃음꽃이 날마다 번질 때

작은 행복의 기쁨이 찾아오고
인생의 우울증도 치유될 수 있다

한 떨기 국화꽃이
갈바람을 희롱한다.

느리게 좀 느리게

빠른 것보다 느려야
자연의 아름다운 풍광도 잘 감상하고
직선보다 곡선으로 걸어야
삶의 무지갯빛 인생길도 다 볼 수 있다

지름길 다 돌아가야
인생의 희비극도 체험하고
흘러가는 세상의 아픔도 알 수 있는 것

더불어 사는 세상
보람있게 살려면 여유로워야 하고
예술엔 정열의 혼이 깃들어야 한다

웃음과 해학이 늘 마음속에
새끼 꼬듯 어울려야
백합처럼 일생을 맑게 살 수 있다

누구나 다 알지
인생의 종점엔 홀로 간다는 것을
살다 보면 알게 되지 그냥 물 흐르듯
느리게 느리게 사는 것이 나그네 인생

이명우 경기광주문인협회 초대회장, 현)한국시인연대 부회장, 시집 『산골풍경』 22권

산골풍경 2032 외 1편

세상의 계절은
가을인데

나의 계절은
봄입니다

간밤에 촉촉이 내린
순정의 봄비에

이 아침 내 가슴엔
꽃이 피고 있습니다

시

산골풍경 2033

밖에는
무서리가 내렸네요

내 가슴엔
봄비가 내리는데

이명숙 전남 해남생, 고흥문인협회 회원, 한국신문예문학회 회원.

붓꽃 외 1편

노오란 붓꽃이
만개한 호숫가
바람에 일렁이는
물결은
홀로 서 있는 붓꽃의
긴 대를 흔들어댄다

쓰러질 듯 쓰러질 듯
휘어지는 꽃대가 안쓰러워
나는
핸드폰의 렌즈 속에
똑바로 세워준다

시

들깨

늦가을
저녁 짓는 아궁이에
털어낸 빈 깻단을 태우면
타다닥 타다닥

정겨움의 장단에
빨개진 얼굴
불길에 건네준
깨주 한잔 받고

으~음 취한다
안주는 코로 먹는다

이근배 대한민국예술원 원장, 신춘문예 5관왕, 정지용문학상 외, 시집 『노래여 노래여』 외.

사람들이 새가 되고 싶은 까닭을 안다
— 수국에 와서

여기 와 보면
사람들이 저마다 가슴에
바다를 가두고 사는 까닭을 안다
바람이 불면 파도로 일어서고
비가 내리면 맨살로 젖는 바다
때로 울고 때로 소리치며
때로 잠들고 때로 꿈꾸는 바다
여기 와 보면
사람들이 하나씩 섬을 키우며
사는 까닭을 안다
사시사철 꽃이 피고
잎이 지고 눈이 내리는 섬
사랑하는 이들을 위해
별빛을 닦아 창에 내걸고
안개와 어둠 속에서도
홀로 반짝이고
홀로 깨어 있는 섬
여기 와 보면
사람들이 새가 되고 싶은 까닭을 안다

시

꿈의 둥지를 틀고
노래를 물어 나르는 새
새가 되어 어느 날 문득
잠들지 않는 섬에 이르러
풀꽃으로 날개를 접고
내리는 까닭을 안다.

이규원 시인 · 시조시인 · 문학평론가 · 수필가, 재경고성문인협회 회장, 한국문예문학대상 수상

연정戀情

겨울밤 소리 없이 쌓이는
첫눈처럼 내 맘속엔
그리움이 있다

열병을 앓고 있는 소년처럼
내 맘속엔 사랑이 있다

푸르러 아득한 별빛도
정겹게 다가와 안기는
향기로운 향연에

시

달빛은 구름 너머 어스름 져
안개 속에 속삭임은 밀밭 되고
산노루 잠 못 이뤄 헤매는 밤

작은 새 둥지 속을 흔드는
바람결 하나도 시냇물 소리도
정겹고 아름답고 소중한 찬미

이광희 한국신문예문학회 이사, 양천문인협회문학상 수상 외, 시집 『고려산의 봄』 외.

능소화 외 1편

담장 밖으로 내민
여인 허리 닮은 고목을
칭칭 감아 오르며
여름을 묶어 피운다

온다던 그 약속이
꽃잎에 붉게 새겨 있는
주홍빛 얼굴을
바람이 다독이며 애무한다

긴 목을 젖히며
여인 등걸이를 더듬으면서
타는 목마름으로
길목 지키며 서 있다

저물도록 토해내며
사위어가는 그림자 안은 채
갈무리하며
밤이슬에 잠이 든다

시

청포도

푸르디 푸르다
보랏빛으로
영그는 알맹이들

이 밭을 적신
달디단 아릿함이
가슴에 박혀 매달린다

청포도밭은
송글송글 물보라로
포도 넝쿨 그늘을 들이면서
밀집모자 속 땀방울
떨구면 떨어진다

청포도 알 입에 물고
숨바꼭질하면서
입이 커졌던 그 소년
지금도 청포도밭
바라보고 있으려나

유 형 아태문인협회 이사장, 한국신문예문학회 지도위원, 한국현대시인협회 회원, 향촌문학대상 외, 시집 「月慕」외

아름다운 길

너였구나
문을 빼꼼히 열고 서 있었구나
그래 노래를 불러보렴 아침 햇살 같은
가득한 빛을 풀어내며 마음의 노래를 마음껏 불러보렴
떠다니는 하얀 돛 내일의 꿈이 가득하여라
도드라지는 가슴아 달려라 너와 손잡고 길을 가고 싶
구나

기다리는 이 있어 찾아가는 중이라네 빛고을 좋은 마
을에
어린 빛 등에 업고 푸른 길 토닥거리며
누가 맑은 물을 따라 나설까 이 아름다운 물길을

발목시린 개울물 햇빛이 반짝거려
물소리 따라 가보면 간밤에 지나간 사람들
꿈들만 살고 있는 마을이 있다고

시

살랑거리는 나뭇잎 햇빛을 받아 반짝이고
눈부신 빛이 내려와 눈이 시려
파닥거리는 어린 새 예서 비상하리
함께 지낼 아름다운 빛
팔을 벌려 가슴으로 맞으리
별빛 따라 꽃구름 따라 멀리멀리 흘러가리

유중관 제9대 한국신문예문학회 회장, 인사동시인상 외, 시집 『인연의 징검다리』 외.

친절은 살아있는 웃음 외 1편

아침 산책길 때아닌 폭우
총알로 퍼붓는다

아파트 경비실로 들어가
잠시 비를 피해가겠습니다.
비가 좀처럼 그칠 것 같지 않아…

잠시 우산을 빌려달라고 생각 중에
이심전심이었을까

어디 사세요?
우산을 빌려드릴까요?

어떻게 내 마음을 읽었을까
마음까지 읽어주는 살아있는 웃음

넝마를 줍는 노인

오늘도 꼭두새벽 산책길에는
굽은 등에 목발을 짚은 골진 얼굴

꾀죄죄한 옷차림의 할아버지가
길가 쓰레기통에 손을 넣는다

쉼 없이 고르는 작업 끝에
돌아설 때는
허리에 감았던 보따리가 채워지고
허리 펴며 걸어가는 뒷모습 창창하다

유자효
신작시집 『시간의 길이』, 만해 대상, 한국시인협회장 역임, 프랑스에서 『은하계 통신(Communication intergalactique)』 출간.

"너무"와 "같아요" 외 1편

"제 기분이 너무 좋은 것 같아요"
TV에서 예쁘게 차려입은 여성이 생글거리며 하는 인터뷰를 보다 깜짝 놀랐다.
자기 기분이 좋은지 나쁜지조차 잘 모르는 세상이 돼 버렸다니
너무 좋으면 오히려 나쁜 것 아닌가?
무슨 말을 하고자 하는지는 알겠는데 쓰는 말이 틀렸다.
그 여성의 예쁜 얼굴마저 무식하게 보였다.
"너무"와 "같아요"가 빠진 말을 찾기가 어렵게 됐다.
우리 말의 교과서여야 할 아나운서까지 그렇게 말하고
그렇게 말하지 않았는데도 자막을 그렇게 뽑아주기도 한다.
한국어를 능숙하게 하는 외국인도 그렇게 말한다.
한국인이 그렇게 말하니 그렇게 배운 것이다
우리 말이 개념의 혼돈이라는 진창에 빠지기 전에
"너무"와 "같아요"를 빼고 말해보라.
"기분이 매우 좋아요"라는
제대로 된 한국어가 비로소 나올 것이니

시

AI와 시

AI가 시를 쓴다.
 현란한 언어의 유희
 상상력.
 그런데
 AI가 쓴 시가
 인간을 구할 수 있나?
 AI로 시를 쓰게 하고
 스스로를 구원할 수 있는 것인가?

유숙희 한국신문예문학회 윤리위원, 인사동시인협회 이사, 시집 「자유를 꿈꾸는 씨앗」

담쟁이 외 1편

대문 기둥에서 실처럼
늘어지고 붙은 채
혹독한 추위를 이겨내고
용케도 살아 줄기 마디마디
잎들이 돋아난다
윤기 나는 무수한 잎
한들한들 일렁인다
꽃샘추위 봄바람 속에
달싹 붙어 뿌리를 내리고
안간힘을 쓰며
회색 시멘트를 잠식하며
푸르게 푸르게 뻗어간다
기둥의 실체는 보이지 않고
대문에 들어서는 사람마다
감격스럽고 끈질긴 생명력
삶의 의지를 말해 준다

벚꽃

매서운 추위를 이겨 낸
봉긋한 봉우리
잎인지 꽃인지
몸이 아무리 크다 해도
알 수 없었던 너의 정체성
봄바람이 살랑살랑
간지럽히는 햇빛 좋은 봄날
참을 수 없어 웃음이 터지듯
까르르 벌어지는 입
하얀 이처럼 눈부신
너는 꽃이었구나
벙글벙글 아름다운 미소
심술궂은 바람에 낙화해도
꽃비처럼 아름다워라
생이 짧아 아름다운 꽃이여
한꺼번에 피었다 진다 해도
한 해를 기다리는 그리움
꽃으로 영원하리

우영식
인사동시협 부회장, 아태문협시분과위원장, 신문예문학회윤리위원, 영덕문협감사, 에스프리문학상 본상.

동행 외 1편
– 친구에게

너와 나
일흔이라는 삶의 정수리에 서서 보면
재물과 명예는 부질없는 것
건강을 잃으면 모두 다 잃는 것이기에
이제는 조금씩 침전되는 건강을 잃지 말고
오늘과 내일
삶의 가치를 공유하며 살자

오늘도
단절 없이 이어진 생의 길에서
너와 나
따뜻한 차 한 잔 나누며
희로애락 함께할 수 있는 친구다

친구야,
가꿔온 과원에 열매가 보이지 않아도
끝내 실망하지 말고 열심히 살자
너와 나
다음 세대가 힘차게 오고 있으니.

독백

창백하고 지친 한 촌로를 주시한다
세파에 떠밀리며 치열하게 투쟁하고
생존경쟁에 시달린 심신
축 늘어진 어깨 위에 한 잎 남은 잎새처럼
퇴색된 세월이 내려앉는다.

등 뒤로 흘러보낸 시간 속에
먹빛 같던 검은 머리가 은빛으로 물들고
돌아보니 왔던 길은 희미하며
시야엔 갈 길이 또렷한데
칠부능선에 서서 배회한다.

언제 여기까지 왔을까?
날아갈 듯이 달려왔나 보다.
늙어가는 것이 아니라 익어가는 것이라고
애써 자위를 해봐도
두 손에 잡히는 것 하나 없네.

우영숙 협성대학원 사회복지학 문학박사, 인사동시인협회 부회장, 아태문인협회 회원.

시를 짓듯 외 1편

새순들이 톡톡
생각을 뱉어냅니다

푸른 시어에 색색의 비유

바람의 첨삭으로 낭창낭창
문장이 깊어집니다

정형시로 피어 자유시로 짙푸르고
산문시로 울창해집니다

시

안양천

수리산 개울물들이 모여
청옥빛 일가를 이루고 있다

버들강아지 기지개를 켜며
긴 겨울을 털어내고

동네 꼬마들 몰려다니듯 청둥오리 떼
수생 식물 사이를 헤집고 다닌다

물수제비 놀란 잉어들
은빛 물보라 일으키고

나뭇가지 사이 곤줄박이
노랫소리 흥겹다

엄창섭 《詩文學》시 천료, 관동대학교 교수(총장대행), 한국시문학학회장 역임, 시선집『눈부신 約束과 골고다의 새』외.

나는 별이다 외 1편

가슴 저미는 일상의 통증 치유治癒할
어제의 열중과 그 도전을 위한 눈물의 기도,
살 저미는 대륙의 심장 감동시키는
자유와 평화의 통섭通涉 위한 따뜻한 배려
천지창조의 언약은 목숨처럼 소중해
맑은 영혼에 수만의 별, 꽃으로 피워낸다.

물빛 맑아 적막한 이 은자隱者의 땅
산허리와 입맞춤하던 낙조落照는
별들의 강, 미리내에 형상 숨기고,
깨어지고 무너지고 넘어질지라도
눈물겹게 미혹迷惑과 절망 이겨낸
아흐, 천년 묵언의 별빛 아득하다.

연녹색 어리연의 너른 잎 틈새로
비행이 자유로운 물총새는 튕겨 오르고
수면에 투사된 별빛의 그 투명함에
밝은 등촉燈燭으로 충격 이겨낼
인생의 뱃길 여는 존귀한 자존감은
푸득 천상으로 날아올라 성좌로 탄생한다.

시

삶의 교시敎示

아프리카 세렝게티 초원의 여명에
톰슨가젤이 잠에서 눈을 뜬다.
정글의 사자보다 더 빠르게
못 달리면 먹힌다는 것 예감하여
역풍 가르며 본능적으로 질주한다.

새벽 푸른빛 일어서는 밀림에서
맹수의 제왕 사자가 깨어난다.
가젤보다 힘차게 역주하지 않으면
허기로 죽는 까닭 알고 있기에
온몸으로 해 뜨는 초원에서
가젤 앞지르는 야성 발동한다.

그대 또한 가젤이든, 사자이든
아침 해가 뜨기 전 삶의 처소에서
열중의 일념으로 목숨을 걸고
역풍 속에서도 질주의 끈 팽팽히
삶의 업보라 늦출 수 없다.

어윤호 경남 거창출생, 한국신문예문학회자문위원, 인사동시인협회 자문위원.

달력 외 1편

벼랑의 덫에 걸려 바둥거리면서도
생로병사 오욕칠정을 모두 비벼 채워두고
소일거리로 하루씩 쉼 없이 퍼내고 있지만

억겁을 마시고 윤회를 토해내어
삶을 살찌우며 살라고 만들어 준
알진 보석함이기에

떨어지는 기억들을 버리지 않고
곡간에 차곡차곡 쟁여 삭여 두었다가

해맑은 새해에
꽃 거름으로 쓰고 싶은 고운 마음만 가려 모아
남은 날들 허리춤에 붙여둡니다

이렇게 옹골지고 야무지게 말입니다

엄마의 손

너희들
혹시 그 시절 그때가 생각나니
우리가 봉곡동에 살 때 말이다

텃밭에 빼곡이 자란 상추를 듬성듬성 뽑아
한 소쿠리 씻어 담아놓고 불러모으시면
우린 입맛만 들고 둥근 밥상 앞에 둘러앉았고
엄마의 작은 두 손이
어리고 부드러운 잎만 골라
양푼에 듬뿍 뜯어 넣고
고추장 한 숟가락 참기름 찔끔 깨소금 솔솔
좌로 돌리고 우로 돌려 비벼놓고
먼저 한 숟가락 맛보시고 눈짓을 주면
여덟 식구가 둘러앉아 배불리 나눠 먹던 그 시절

오늘은 집사람이 식탁 앞에 앉아
그때처럼
작은 양재기에 비비고 있지만
눈에 보이는 손은
엄마의 작은 손

안혜초 국제펜한국본부 자문위원 외, 윤동주문문학상 수상 외, 시집 『詩 쓰는 일』 외.

새해 첫 편지

몸이 조끔 아프다고
쉬이 눕지 말기
되는 일이 별로 없다고
자주 울적해 말기

지금 이 순간에도
숨이 넘어가는 목숨이 있고
새로 태어나는 생명이 있을지니

이 만큼이나 건강하게
살아있다는 사실만으로도
우린 얼마나 행복한가
우린 얼마나 감사한가

오늘도 후회없는 하루이기를
사랑과 공의가 승리하는 한 해이기를

첫 새벽, 정화수 한 사발되어
간절히 기도 드린다

시

나라 걱정으로 무거워진 나날 속에서
가정과 이웃과 겨레와
지구촌의 평안을 위해

안종만 시인·수필가, 시니어웰빙포럼 회장, 서울시장표창장, 수필집 「잘 살고 잘 늙고 잘 죽기」 외.

山과 친해야 할 이유

사람들은 산을 성스럽게 여기며
산의 신령에게 기대고 살아왔고
정안수 떠놓고 북쪽 산을 향해
정성껏 소원성취 기도드린다

피톤치드가 있고 음이온이 있고
새소리 물소리 바람소리 자연향이 있고
산에는 신선한 먹거리도 지천이다

산을 걷는 것만으로 육신이 건강하고
정신도 정화되고 마음도 정제되어
지병도 치유되고 활력을 얻는다

사람은 허벅지가 굵어야 건강하고
심폐기능이 좋아야 장수한다는데
이것들을 얻기 위해 산에 간다

산에 가보면 처음엔 어렵고 무섭지만
산에 들어 오르고 또 오르다 보면
정상의 희열도 느끼며 중독이 된다

시

등산을 많이 한 사람들은 기가 살아있고
눈망울이 살아있고 생각이 긍정적이니
산에서 얻는 가치는 무궁무진하다

등산이란 건강한 사람만이 누리는 이름
산에는 사랑도 있고 포용도 있다
인간도 자연自然의 일부라서
산과 금방 동화되고 순응한다.

안정선 아태문협 회원, 서울중등학교 교장 역임, 현)서울교육삼락회 사무처장, 극단 배우, 전자시집.

재스민 추억

10여 년 전 어버이날
카네이션 달아 드리는 날
화원 뒷전에 시든 꽃 몇 송이
채 며칠 만에 밀려나 있구나

홀로 되어 마른 잎처럼 사시는 엄마
이건 아픔이다 생각 들어
꽃보다 꽃 달린 나무를 택했다
낙화 될지언정 죽지는 않을 나무

이름 가물거리는 그 나무에
가녀린 엄마는 십 년을 하루같이
모정에 모정을 담아 자식 보듯
물 주고 달걀 껍데기 엎어주더니

곰곰이 생각에 젖는다
왜 자주색으로 싱싱 폈다
탈색되면서 하얀색으로 지는지
당신 삶에 몇 번이나 견주셨을까

시

가끔 웃자란 잎과 줄기
회초리 아들 꾸지람하듯
에누리 없이 싹둑 쳐주면
벌떼같이 솟아나는 꽃 떼 잔치

고이 풍성히 자라 오늘 아침도
진한 향 머금은 채
소리 없이 조용히 오는 아이
몇몇은 하얗게 인사 고하며 가고

안재찬 한국문협 편집위원, 국제PEN자문위원, 조연현문학상 외, 〈소정문학〉 동인, 시집 『바람난 계절』 외.

절규, 기하학 셈법

1
일기예보는 빗나갔다; 된서리가 웃음소리 거두어 가다

축제는 스러지고 시간의 물살은 차가웁다 비탈진 골목길 시월 끝가지 꽃자리엔 생각이 가지를 친다 영결이 떨구고 간 절규 송이송이는 허공을 맴돌고 피눈물 흥건한 지상에 남은 이는 쓸쓸하고 춥다

시간은 멈추어 서고 가슴 저미는 손등에 검푸른 힘줄이 불거진다

정수리에서 점화된 모욕감 때문일까 눈에서 불덩이 뚝뚝 떨어지는

2
일기예보는 빗나갔다; 된서리가 울음소리 거두어 가다

등뼈 곧추세운 치세의 깃대아래 독선 아집 오기는 퍼렇게 펄럭인다 무수한 주검 앞에서 무례와 일탈한 애도, 상실이 허기와 슬픔의 무게를 더한다
'왜 거기에' 따라붙는 혐오 조롱 가시 박힌 말에 어지럼증 깊어간다
'그때 어디서 무엇을' 물음에 나라 셈법은 기하급수로 빠르기만 하다

시

삶은 갈등의 지속인가, 내 탓이라고 속울음 우는 울컥 입이 없다 애통을 읽지 못하는 외곬의 길은 축축한 시선을 멀리 밀어낸다

기억과 추억은 시간에 예속되지 않고 가슴 속 머무는

3
일기예보는 빗나갔다; 쓴소리가 하늘통신 윽박지르다

지금은 이쯤해서 지나가지만 때가 되면 다시 기억의 편린을 조합, 떨리는 손으로 사그라진 곡소리를 복기할 것이다
하나로 눈물 하나로 느낌은 허다한 허물을 덮을 수 있으련만- 공감 심장은 동면 중이다

 봄여름 피는 가을 축제 너머로 저물어 갔다
 설움 많은 이 땅에 별로 돋아나 비추는
 159!
 어둠을 한입 베어 문 빙점 녹이는 햇덩이
 하늘 우러르는 목숨줄 그악한 얼굴 얼굴 얼굴에 입맞춤하는
 계묘년 설날 아침
 옛것은 가고 - 너울너울 춤추고 노래하는 한마당 -
 새것만 오라

안재식 시인 · 가곡작사가 · 동화작가, 한국문인협회 편집위원

도깨비시장

별들도 잠들고
풀잎을 지나는 나귀의 방울 소리
나지막이 멀어지면
모나지 않은 도깨비들 하나둘
싱싱한 햇살 불러들여 장을 펼친다

금 나와라 뚝딱! 은 나와라 뚝딱!
없는 게 없는 이곳은
오가는 사람 모두 낯익은 얼굴 같아
90도 절하고 머리 굴리는 가식은 싫어
마음이 먼저 가고 흥정이 뒤따른다

부르튼 손으로 나물 담던 난전 할머니
착한 심성 궁굴리는 덤이 넉넉해
급하면 잠옷 바람도 괜찮아
오체투지 순례자가 빗소리 묻힌
빈대떡에 소주로 흰소릴 띄워도

시

사람 냄새 살아가는 소리
팔딱거리는 누드의 현장
동네 개들도 당당하다
오늘도 나는 달빛 물고 온
도깨비를 찾아, 집 나선다

안광석 시인 · 가곡작사가 · 동화작가, 한국문인협회 편집위원

벚꽃 외 1편

연분홍 벚꽃
나를 눈멀게 하고

하롱하롱 떨어지는 꽃잎이
나를 에워쌌다

나는 꼼짝할 수 없어
詩 한 편 바치고 빠져나올 수 있었다

등산길

입동 추위 아랑곳없이
햇살이 눈부시다

산에 오른다
머리위에 투 두 둑 도토리가 떨어진다
아직도 깨닫지 못했다고 일침을 가한다

나무 뿌리를 보았다
수많은 선남 선녀들의 디딤돌 된 나무뿌리
아픈 상흔을 안고 사는
강인한 생명력에 고개가 숙여진다
나무뿌리의 마음을 이해하지 못하고
무심코 밟고 지나던 발길이 부끄럽다

내려오는 길목에 가을이 등 뒤로 숨는다
나무는 나뭇잎을 내려놓는데
나는 무엇을 더 내려놓아야 하나
사색 속에 좋은 것은 산에 묻어 두고
건강을 위한 고요만 가슴에 담고 왔다

신인호 도봉문인협회 고문, 나라사랑문협 회장, 에피포토문학상 외, 저서 『내 마음의 지우개』 외.

미지에서 온 새 한마리 외 1편

고뇌의 배꽃들
봄 언덕에서 흔들리고 있다

어디서인지 날아온 새 한마리
한참이나 울고 날아갔다

저 새가
푸른 계절 하얀 길로 떠나간
친구의 넋이 아닐까

남빛 하늘에 하얀 배꽃
떠가고 있다

새가 날아가 버린 가지가
아직도 출렁거리고 있다.

바람의 옷

꽃비 쏟아져 내린
나뭇가지 사이로
오디새 한 마리
온통 푸른 말로 입을 뗀다

이런 날엔
바람도 연두빛 옷을 입고 온다

설레임을 밟고 걷는
우이동 길
막차 타고 뒤따라 올 것만 같은
기다림

신위식

사)한국문인협회파주지부 수석부회장, 제19회 탐미문학상본상 외, 월파문학상본상, 시집 『시작, 풀꽃의 노래』

만두 꽃 밭 외 1편

오손도손
사랑을 빚는다

기쁨 한 술갈
소망 한 사발
사랑 듬뿍
곱게 버무린 행복 만두소

아내는 접시꽃
딸은 백합꽃
손녀는 장미꽃
어린 손자는 애기똥풀꽃
며느리는 함박꽃
나는 터진 목련꽃

만두 꽃
활짝 피어난
사랑 밭

시

뻐꾸기

그만 울어,

자꾸만
엄마 생각이 나잖아

아, 그렇구나!

미안해
그런 줄도 모르고…

신영옥 시인·아동문학·인문학 연구원, 한국문협·국제펜 회원, 한국가곡예술인상 외, 시집 「스스로 깊어지는 강」 외 다수.

그녀의 햇살 외 1편
– 화백 인해仁海 님께

창을 통해 들어오는 햇살 한줄기
그것도 감사라는 그녀의 기쁨은
초록물결 위에 쏟아지는 햇살을 안으며
음성 꽃동네*로 길을 나선다

최귀동 베드로 할아버지가 남겨 주신
'얻어먹을 수 있는 것만도 감사라.'
폭풍우 막아주던 그 크신 손길
거지 성자의 끊이지 않는 사랑의 터전 위에

닫힌 마음 열어가며 문장을 가르치고
인격만큼 행복해지는 자기 삶 속에서
햇살 한 줄기에도 감사를 일깨워
배움으로 성장해 가도록 안내하는 그녀

벽을 넘고 강을 건너
마더 테레사* 정신 기리는 일상이
어느 하늘 별이 되어 영원히 빛날 건가?
주름진 두 손 잡고 감사를 모은다.

로렐라이 언덕에서

라인강 언덕 로렐라이 절벽에서
금빛 머리 찰랑대며
아름다운 여인이 부르던 노래

지나던 뱃사공들이 넋을 놓고 바라보다
수많은 사공들이 강물에 빠져 목숨을 잃었다는
그 언덕을 찾아 나선 길

굽이쳐 흐르는 강물은 말이 없고
하이네* 시에 곡을 붙인 노래만이
애틋한 이야기로 남겨져 오는 것을

싸늘한 동상으로 만난 차디찬 그녀가
사공들 영혼에 따뜻한 위로가 되기를
시 한 수로 읊으며 나는 떠나네
사노라면
만나고 헤어짐이 너뿐이겠는가
잘 있거라,
로렐라이 언덕에서 노래하던 여인아
아름다운 로렐라이 언덕아.

* 하이네 heinrch heine(1797~1856) 유대계 독일인 시인.

손도규 제7회 하이데거문학상 본상, 한국신문예문학회 지도위원, 인사동시인협회 이사.

봄에 만난다면 외1편

우리가 봄에 만났다면
산딸나무도 심고
라일락나무도 심었을 텐데

우리가 지난봄에 만났다면
수선화도 피우고
고깔제비꽃도 피웠을 텐데

우리가 다시 봄에 만난다면
연인의 비밀 같은 물안개 피우리라

가을 농부

첫 농사로 고추를 심었다
파란빛에서 붉은색으로 익어간다

사과나무를 심었다
시나노골드는 노란빛으로
엠부는 속까지 빨갛게 익어간다

푸른 하늘의 수채화처럼
가을 농부의 가슴은
맛으로 익어가는 행복이다

아,
첫사랑이 맺어지듯
설레임으로 두근거린다.

성기환 미디어대학원 석사학위, 인사동시인협회 부회장, 신문예문학회 · 아태문협 회원.

여름날의 꿈 외1편

퀸 사이즈 침대 한쪽, 주인 없는 빈 공간
앉은뱅이책상 하나, 시작노트와 연필, 지우개
미완성의 페이지 사이로 숨 쉰다

안경 두 켤레가 안경집에 쉬고
빈 삶이 책상 위에 뒹굴고 있다
이 모두가 나에겐 소중한 동반자
미완성의 미지로 향한 의미의 바다

쓰러져 있는 물병이 내게 묻는다
"여기 서 있는 것이 맞니?"
여름날의 꿈속에서 답하는 나
"옳다, 여기가 바로 내가 서야 할 곳이다"

이곳에서 조금씩 미지의 땅을 향해 가고 있음을
안도의 한숨과 함께 기쁨을 느끼고 있다

시

선돌 구봉이

대부도의 선재대교와 영흥대교
구봉리 선돌이는 어깨동무 친구
뭍바람 바닷바람이 전해오는 소망
염원을 담은 수호신 선돌이

힘차게 노 저어 고기잡이 떠난
뭍이 물같이 녹음으로 물들어 갈 때
파도와 싸우며 배 가득 싣고 돌아온
안타까운 할매 소식 파도에 실려 와

할아배를 애타게 기다리는 그리움이
쓰러질 듯 가냘픈 여인의 허리 숙인 몸짓
뭍에서, 물 사이에 파도의 이정표

할매 옆에 독수리처럼 뾰족이 솟아
두 손 모아 기도하는 구봉이 어장 수호신

선유미 시인 · 수필가 · 화가, 한국문협 회원, 시집 『스카프 속 하얀 마을』 외.

여행은 창작의 모태 외1편

여행은 또 다른 나를 만나는 설레임입니다

하나님이 축복한 땅 유럽
동유럽의 아름다운 자연은 마음이
쉬어가는 정거장이고, 서유럽의 멋진 건축은
창작의 모태가 됩니다

여행의 축복은
내 영혼이 살찌는 풍요로움
영원히 늙지 않는 사랑입니다

여행은
과거, 현재, 미래에도
영원히 죽지 않는
창작의 모태가 됩니다

시

보라카이 노을

보라카이 노을 속에는
인생의 웃음과 눈물이 흘러갑니다

노을 안에
가득 채워진
삶의 무게와 향기

인생이란
저 노을처럼
황홀하게 지는 것입니다

서재용 한국문인협회 회원, 〈문학사랑신문〉 자문위원, 시집 『별 하나의 독백』

겨울이 오는 소리 외1편

길게 누운 山 그늘
서산마루에 걸려
꾸역꾸역 더듬는 바람

들녘 노을 외로워
텅 빈 논두렁 벌거벗은 허수아비

휘이휘이 겨울 철새 날고
실개천 도랑가에 핀
털 머위 스산해질 때

밤새 싸락눈 눈꽃송이
수 놓은 裸木들 사이
찬바람 머뭇거리니

날짐승이 남기고 간
발자국 사이로 휑한 마음 채우고파

파르르 떨리는 눈꽃 입맞춤
아무도 가지 않은 未知의
산길을 헤매인다.

시

비와 그리움

굵은 빗방울 후드득
아침 창문 두드릴 때
멍하니 빗물 바라본다

초여름 빗줄기 따라
내 가슴에도 그리움
한웅큼 내린다

떠난 님 그리워
하늘도 애달픈 눈물을
쉼 없이 퍼붓는다

빗속 은은한 물빛 향기
그대 생각 그리움의
입자만 둥둥 떠다닌다.

서영희 경남 밀양生, 한국문협 · 밀양문협회원, 한국신문예문학회 이사, 제7회 아태작품상, 시집 「사월의 암호」 외.

간격 유지 외1편

적당한 거리가 필요했다

그녀와의 사이에
입에 묻은 달콤한 사탕발림

거침없이 받아들인 실수
거름망으로 걸러 들으며

정도의 틈을 만들었어야 했다

푸념

노구의 몸이 피워올린 꽃
화려하고 풍성하여라

호박은 늙으면 맛이라도 있고
약에라도 쓰건만

되뇌이던 노년의 그녀
피워 올린 쏠쏠한 지혜

옹골차고 풍성하건만
애꿎은 푸념만 늘어놓네

사위환 시인 · 법학박사, 현대시협회원, 인사동시인협회 지도위원.

꽃피는 뜻 외1편

뜻은 땅속에 뿌리를 내리고
그늘 속에서 숨죽여 자라
봄이 오면 꽃망울을 터뜨리네

지향은 햇빛을 향해
열심히 뻗어 나가
그 끝에서 찬란한 빛을 발하네

목적은 바람과 비를 맞으며
어려움을 이겨내고
결국에는 탐스러운 열매를 맺네

뜻, 지향, 목적
그것은 모두 꽃과 같아
구체적 실천으로
꽃을 피워내네

시

꿈꾸던 들판

어린 눈망울에 담은 푸른 꿈
나만의 땀으로 일구어낸 넓은 땅
그곳에 나의 푸른 꿈을 꽃피울 것이다

저녁노을 물든 들판 끝 지친 몸 말 달려
피어오르는 굴뚝 연기 따스함 안고 집으로
아내가 기다리는 산 아래 둥지 향해

세월의 흐름 희미해진 꿈의 윤곽
푸른 하늘 위로 떠나는 백발의 구름
조용한 현실 속에서 다시 꿈을 꾸네

젊음의 열정으로 그리던 꿈은
평화로운 마음으로 그리는 꿈으로 변했네
푸른 들판 대신 펼쳐지는 세상
이제 새로운 꿈을 향해 나아간다네

복재희 시인·수필가·문학평론가, 충무문학상 수상 외, 시집 『어디서 물이 들었을까』 외.

내 태생의 의문 외1편

내 어머니는 신이다
나에게 호흡을 주시고 생각을 주신 신께서
아무리 생각해도 콘크리트와 섹스를 한 것 같진 않다
콘크리트가 한 번씩 벌떡벌떡 부풀어 오를 때마다
신이 아니라면 동정녀 마리아일거란 확신도 들었다
뻔질난 대못질을 오히려 불쌍히 여기시던 그 치마폭

내 어머니는 분명 신이다
열 가지마다 흠 하나 없이 물관을 열어주시고
혹여 그늘질까 가지마다 공들여 햇살을 공급하시고
실해진 과실에는 도둑이 들세라 밤에도 눈은 뜨셨다
때때로 찬바람이 일면 가지들 얼세라 군불도 되셨다
잘 자라서 쉼터가 되도록 기도라는 비료도 듬뿍 주셨다

하얀 세마포를 입으신 신이 지난밤 꿈에 다녀가셨다
울면 바보라고, 슬플 땐 거울을 찬찬히 보라고 하셨다
닮긴 했는데 신의 소산물이라 하기엔 미운 것투성이다
가지에 난 상처 덧날까 약 발라 주시던 신의 모습 보인다
손 시릴까 잔불에 돌멩이 달궈 주시던 신의 손길도 보인다
누가 뭐래도 내 어머니는 신神이 아니면 달리 이름이 없다

석양이 핏빛으로 더 붉은 오늘은 내 어머니의 탄신일이다

시

행간의 괄호가 검붉다

유월의 붓방아를 어쩌랴
포탄소리에 낙화로 진 핏물을 찍었으나
(   )

고추밭에 버려진 어린 것의 신음을 찍었으나
(   )

유월엔
산자의 유월엔

목숨 잃은 아가들의 핏물이 붉어서
남의 나라 아들들의 주검이 하 검붉어서
(   )

녹슨 철모 그 총구멍에 바칠 내 시는
피 값을 분탕질로 뭉개는 이공이사 년

유월의 내 시는 행간의 괄호가 검붉다

변종환 현)부산진구문화예술인협의회 회장, 부산시인협회 회장, 한국현대시인협회 이사, 시집 「풀잎의 고요」 외.

겨울 송천리 외1편

겨울 송천리松川里*에서
손닿지 않는 자란만 바다는
바람을 껴안고
곡선의 아름다움을 노래한다
풍찬노숙의 별들을 바라보면
연한 달빛이 사라진 허공의
어둠은 별을 위한 배경이다

그대 따뜻한 손길로 다져진 정원
가슴 맞대고 모든 세상의 연인처럼
묵은 밤을 지새우며
우리는 가볍게 사랑하리니
마음 헐거워져
압축된 생각이 흔들릴 때마다
처음과 끝을 생략하고
내게 파고드는 날 선 낱말들
겨울 송천리는
흔들리며 떠나간 모든 것들을
다시 모여들게 하는구나

* 경남 고성군 하일면 송천리. 자란만에 자란섬과 작은 섬들이 있는 바닷가.

고해성사 告解聖事 하는 날

뽑아내지 못한
가시 하나
가슴에 남아있었네
내게 묻고 묻다가 돌아선
그날처럼 남루한 생각은
또 다른 가시가 되었네
나를 증거 하는 수많은 껍질들
깊은 시름이 발산하는
지난날의 상처들
슬픔조차 슬퍼하지 못하고 살아온
참 막막한 세상에서
기다려야 돌아가는 길이 열리듯
여기 기대앉아 숨 고르기 하네
내게로 사무치는 고백의 힘
불통 不通의 한 생을 위로하는
이 편한 자리.

백영호 한국문협·아태문협 회원, 한국서정문학 본상 외, 현)직업전문대학교 조경담당 교수, 시집「초록숲에서 별을 낚다」외.

자연에 산다 외1편

뭉게구름 한술 떠서
나무숟가락에 올리고
산열매 따 와서는
한 소쿠리 채우고
막걸리 한 뚝배기로
너럭바위 위에 상 차렸다

먼데 경치를 앞마당에
불러들여
내 정원에 울타리 치니
천하 차경의 멋이라

산새는 또울랑 따울랑
개울물 조올 졸 가락 섞어
하늘 땅 그리고 나
3才 불러 어깨동무하니
어울렁 더울렁
내 영혼 신선의 樂에 취했다.

시

쇠똥구리

태어난 곳이 똥통이었다
삼시 세끼
먹는 것이 똥이고
그 똥통에서 잠을 잔다

제 몸보다 다섯 배 크게
똥덩어리 굴리어
사랑하는 님에 바치고
햇살 좋은 날
푸른 하늘 향해 날았다

또 다른
飛上을 위하여.

배정규 서울미래예술협회 회장, 월파문학상 외, 시집 『품는다는 것은』 외.

처음 외 1편

숲의 소리
출발의 의미
모든 것의 처음

숲의 향기
에덴에서 비롯된 것

사랑이 숨 쉬고부터
대지는 비로소 제 모습을 찾은 것

숲의 향기와 소리
우리의 본질

바람의 거처

바람의 거처를 묻지 마세요
임의로 와서 임의로 가는
외로움

창문 통해 사랑 고파함을
선물 주는 바람이나
의연한 척 굳게 입 다문
관악산 휘감은 바람이나
모두 다 외로움의 아들들

스멀스멀 기어오르는
밀물의 고독
세찬 바람 되어
휩싸이는 그리움은
바람이 머무는 곳

배승희 계간 《시와수필》 시 등단, 해운대문인협회 이사, 예천내성천문예현상공모전 입상.

꽃다지

병원 앞 휴지통에
내동댕이쳐진 꽃다지
잘린 가지에선 진물이 뚝뚝 떨어지고
봉우리에선 노랑 노랑이 시들어 가고 있다

죽어가는 모습이 노을처럼 아름답다는
사람의 말은 거짓이다

태풍에 꺾인 꽃대에 맺힌
천둥소리를 생각한다면
그렇게 말할 수는 없겠지

꽃은 환자들에게 위안이었을까 환희였을까
아픈 사람이 아픈 꽃을 보지 못하는 게 아쉬워

꽃다지에게 심장박동기를 달아 주는 상상을 한다
도려낸 환부에선 새 살이 돋아나고
노을은 영양분이 되어 흡수되겠지
노랑노랑이 빨강빨강으로 변하겠지

시

붉은 꽃다지

붉은 상징

괜히 죄인처럼 부끄러웠다

배성록 시인·시조시인, 한국문인협회, 자유문학회, 불교문학회회원

뉘 덫

안개 낀 홍천강 언덕에 한없이 흐느끼는 물새들
데카르트, 뉴튼과 아인슈타인 선생님들의
정신과 물질은 별개라 착각 때문이라고

청평호에 유유자적한 잉어 쫓는 왜가리, 불확정성 원리
창포잎 고추잠자리와 슈뢰딩거의 고양이, 관찰자 효과
그래서 인류사상 재채기의 전조 증상이 전혀 부재했다는 사실

저녁노을 숨지는 닐스 보어의 양자장은 색시공 비선형 양자도약
중력의 공간 왜곡이 의식계요, 무의식계는 양자장의 중첩
나비효과 유발한 연속 불연속의 연속선 곧 디랙의 바다
끝없는 파도 위 갈매기 파동중첩 불연속 붕괴, 그건 확률
엔트로피의 일파만파 우주에 가득, 영혼이야 양자중첩일 뿐
드러난 질서의 홀로그램과 숨겨진 질서의 인드라망
여기 창발한 힉스 입자여 진공의 무지개여!
관찰자의 절대 존재는 늘 왜 숨어있나?
결국엔 5차원 홀로그램!

나무가 까치에게 말한다 행복은 고독의 덫이라고
산이 강에게 말한다 감각은 의식의 덫

시

의식은 무의식의 덫, 객관은 주관의 덫
바위가 장미꽃 보고 시간은 공간의 덫이라고

하늘이 바다에게 소리친다
운명은 햇살궤도의 덫, 종교는 달빛환상의 덫

바다가 갈매기에게 신신 당부한다
공직은 부패의 덫, 권력은 파멸의 덫
상식은 죽음의 덫, 풀잎이 이슬에게 속삭인다
사랑은 착각의 덫, 그리움은 재채기의 덫이란다

번개가 벼락 치며 존재는 관찰자의 덫
생사는 찰나의 덫, 있음은 없음의 덫
무지개가 깔깔댄다
우뇌는 좌뇌의 덫, 좌뇌는 우뇌의 덫

밤안개가 밤새 통곡한다
나는 나의 덫이라니
내가,, 나인가?

박혜진 충북대학교 행정학 박사 수료, 청주지역아동센타 대표, 대원대학겸임교수.

보연寶戀 외 1편

삶의 길목마다
스치는 많은 인연

진정한 만남의
인연은 따로 있다

단 하나의 사랑이 있듯이
단 하나의 인연

인생은 선택의 연속
어느 선택이든
기쁨과 슬픔
회한과 아쉬움

정답 없는 삶의 희로애락
보배로운 인연으로
다시금 시작되는 인생.

시

더불어 사는 행복

혼자 가는 길
성찰의 시간

둘이 가는 길
인내와 배려의 시간

혼자라서
자기 철학으로
길을 만들어 가고

둘이라서
조율과 화합으로
하나의 방향으로 만들어 가고

혼자도 행복하고
둘이도 행복하고

더불어 사는 세상 속
다양한 개인의 행복 지수.

박치원 시인 · 수필가 · 여행작가, 한양대학교 경영학 석사, (주)제일컨설팅대표이사

가을이 오고 있다 외 1편

들녘을 바라보면 만물이 아름다운 색깔로
물들기 시작해 눈길을 서서히 끌어낸다

유난히 뜨거웠던 땡볕
여름을 밀어내고 멋자랑
단풍 폼새로 변신해 점차
오색빛깔 모양을 채비하고 갖춘다

새파랗게 수놓는
가을 하늘이 다가오면
청정한 하늘과 솜사탕구름이 앙상블로
모양 갖추어 눈길을 유혹하여 가슴을 뛰게 만든다

여기저기 나뭇가지 모습들은
단풍 계절인 가을답게 울긋불긋
물들어 색채를 그려낼 것이다

올가을엔 가을빛 물든
숲속 길로 쏘옥 들어가 마냥 걷고 싶다
온통 마음속을 가을 빛깔에
아름답게 물들여 보련다

행복한 삶

누구나 삶이 엇비슷하지만
좋은 벗이 있고
동행으로 좋은 길로 함께가다 보면
꽃길이 된다

특히 익어가는 단풍 세월에
건강 잃지 말고
자신에게 건강과 행복 창출에 투자하다 보면
자신도 모르는 사이
신중년의 멋진 꽃길로 가고 있다

박철언 시인·변호사, 3선국회의원, 건국대학교 석좌교수, 서포문학상 외, 시집『작은 등불 하나』외.

바람의 언덕에서 외 1편

별이 빛나는 밤이면
당신의 모습이 바람처럼
내 가슴에 안겨 들어요

그리움이 사무칠 때면
당신의 한 조각이 바람의 시가 되어
나에게 불어와요

석양이 노을지는 바람의 언덕에서
뜨거웠던 추억의
바람에 휩싸여요

바람이여
머물러 주어요 그대로
파란 불꽃을 피우고 싶어요

5월, 행복

산천초목 짙어지는 5월
신록의 숲으로 들어가
잃어버린 나를 만나고 싶다

세계문화유산 선릉과 정릉 벤치에서
목청 돋우며 지저귀는 새들의
노래속에
변해버린 내가 옛날을 그리워한다

탐스러운 햇살이 축복을
쏟아내는 5월
내 조용한 숨소리를 느끼며
보고픈 얼굴을 떠올리고 싶다

물거품인양 스러져가는 별들 아래
아름다움이 꿈처럼 사라진다해도
그리운 모습은 영원히 살아남으리

한없이 풀어지는 찬란한 5월
살아있다는 것만으로도
얼마나 행복한 일인가

박진우 시인·수필가, 아태문협회원, 제10회 에스프리문학상, 서미예협회 고문, 사)서울시립큐코뮤지컬.

꽃이 된 이름 외 1편

코스모스를 닮아 목이 긴 우리 누이
흔들리는 꽃의 노래를 담고
사슴처럼 가벼운 몸짓
큰 눈망울 속에 담긴 별빛
사람들은 '이쁜이'라 불렀다

그녀의 웃음에서 피어나는 꽃잎들이
마치 코스모스가 하늘에 닿을 듯
그렇게 하늘거렸으니
'이쁜이'는 그냥 부르는 이름이 아니었다

코스모스 꽃잎 하나하나가
그녀의 긴 목을 감싸 안을 듯
세상 모든 아름다움이
그녀 안에 모여들지 않았을까

그녀의 웃음 없이 피어나는 코스모스
그 이름 이미 사라지고
기억 속에 피어나는 코스모스
'이쁜이꽃'이 하늘거린다.

달빛 정원

떡갈잎처럼 포근히 감싸 안듯
차곡차곡 쌓인 그리움
별빛사이 흐르는 고향이 일렁인다

고요히 둥글게 뭉친 달빛 하늘에
나그네는 가고
모여든 별들의 소리뭉치 뜰아래 푼다

은빛 달빛은 논밭을 비추어 풍년을 충전하니
내 마음도 따라 빛으로 충전
빛 아래 솟아오르는 감사가 강물처럼 흐르고 있다

고운 달빛이 머문 밤
밤은 길지만 이 시간은 금세 어마어마한
찰나의 순간.

박종대 《아시아서석문학》시 등단, 인류문학시부문 최고상, 시집 『너랑나랑』 외.

촉박 외 1편

우리가 만나려면
내일은 멀고
모레는 더 멀어
그러고 보면 오늘인데
기왕사 지금이면
더더욱 좋고

시

새댁

대한민국 머스마 좋아 보여
고향 가족 그대로 두고
바다 건너 시집온 새댁
얼굴엔 웃음꽃 피어도
향수에 사무친 눈물 냄새

박영애

제주대 창의캠퍼스 미래행정 출강, 국제 ROTARY 3650지구 남솔 회장, (사)나라사랑 바른예절 운동본부 회장, 림스캘리그라피연구원.

나는 1 외 1편

무엇부터 해야 하나?

종강이 가져다준
여유란 날개를 달았지만
어디로 날아야 할지 모르는 새처럼
머릿속은 쉼 없이 움직이며
이것도 해야 하고 저것도 해야 하고

할 일은 많은 듯한데
그토록 원했던 자유로운 시간에
왜 마음은 무겁고 행동은 멈춰지는가
시간만 허락된 의욕상실로
하루 종일 무기력에 시달린다

이미 제도 속의 노예로 길들여져
어딘가에 묶여야 일을 하는 사람인가 보다
자유로움 속에선 길을 잃고
구속 속에서야 비로소 빛나는
그런 사람이기에 오늘도 나간다

나는

나는 2

나뭇가지에서 짹짹짹
조금 울다가 그냥 날아갈 듯도 한데
아이들 소리보다 더 크게 지져귄다

내가 앉은자리 우뚝 서 있는 나뭇가지에서
지져귀는 저새는
지난 생애에서 만났던 인연이었나보다.

오랜 시간 울음으로 공들이는걸 보면
분명 까닭이 있을게야 짐작하며
자연이 하는 말에 귀 기울일 줄도 안다

나는.

박영곤 한국문협회원, 문예사조문학상, 월간신문예운영위원장, 시집 「바람은 추억을 타고」

허상과 실상 외 1편

강은 산을 품고
산은 강을 업고

태양은 가슴을 덥히고
달은 정신의 지문을 찍으니

새날이 밝아오면
가슴은 식었어도 눈은 밝아지니
검정까마귀는 붉고 푸르게 보이누나

허허허 바람이 웃으며
실실실 방귀를 뀌는구나

목석같은 허수아비에 생명숨 불어넣어
가면 벗고 실상으로 살고 싶은

에움길 걸으며

서민들의 땀과 눈물길
가난이 스승이네

출세 가도인 직선길 돌아
광명의 지름길 외면한
한숨과 입김이 서린 길

뱁새가 황새걸음 걸으면 안 되기에
벼는 익을수록 고개를 숙여야 하기에

높은 담장 위 삐끗할 위험 없으니
걸음마다 아름다움 안고 있는
에움길 사랑한 어머니의 길

나, 그 굽은 길 걸으며
가난한 마음, 서민의 마음
더부살이 마음 헤아리며

아름다운 마음 간직하게 되었네

박숙자 한국문협 이사, 동작문협 부회장, 황금찬 문학상 대상, 동작문협 대상, 시집 「봄 한 바구니 사 들고」

여름 해변학교

아태문인협회 회원들이
구봉도 바닷가에 간다

수평선과 하늘이 하나 되어
온통 푸르디 푸르다

끼륵끼륵 갈매기들이
어서오세요 마중한다

조개 사장에 쏟아지는 사랑과 정열
우리는 폴 세잔느의, 고갱의,
마티스의 화폭에 들어가 주인공이 된다

'나의 삶, 나의 문학'이란
주제로 펼쳐진 문인들의
빛나는 시어들은 한낮에도
별이 되어 폭죽처럼 쏟아져내리며
낭만이 된다

시

참을 수 없어 터져 나오는
시 낭송과 노래들은 자연의 숨소리가 된다

모든 걸 다 받아주는 바다에 와서
우리가 마신 바닷물은 압세트
벨에포크(아름다운시절) 시간이 된다

구봉도에 부는 바람
초록물감을 뿌려 놓은
대부 해솔길 걸으며

"다 좋아. 이만하면 됐어!"
기쁨과 환희는 바다가 되어 돌아온다

박석현 한국문협 이사, 동작문협 부회장, 황금찬 문학상 대상, 동작문협 대상, 시집「봄 한 바구니 사 들고」

순백의 매화 외 1편

설한의 차가운 날씨에도
끈질기게 피어나는
의연한 꽃망울들

달빛이 앉으니
우아한
선비 기품이 우러난다

임 그리는 그리움 안고
청명한 하늘을
노래하는
파랑새 울음같이
맑은 영혼

그윽한 향내
소리 없이 듣는다

시

영동 할매

바람은 하눌님이 부리는 신神이다

환웅이 신단수 아래 내려오실 때
풍백風伯을 거느리고 오셨다

일찍이 배달족은
노래와 춤을 좋아했다

'바람신'을 믿었느니
바람은
대지의 영적인 기氣를 불러내고
주술을 불러내고
소리를 불러낸다고 한다

노래하고 춤추며
시공간을 초월한 황홀경으로
신의 거리를 좁힌다

신바람이

* 영동할매(바람신): 바람의 영적인 힘은 동쪽에서 일어나 온다고 한다.

박병기
시인·시낭송가, 서울미래예술협회 주최 시낭송대회 대상, 황진이문학상, 인사동시협 차장.

손맛을 읽는다 외 1편

반죽을 골고루 치댄다
홍두깨로 굵직하게 밀어
늦은 오후를 썬다
너플, 쟁반에 올려놓은 하루

바지락으로 우려낸 삶
나른한 시간과 애호박
숭숭 썰어 보글보글 끓인다

대청마루 끝에 앉아
후루룩 칼국수를 드시던 어머니
이젠 구수한 그 손맛이 그립다

칼국수는 칼이 보이지 않고
어머니의 손맛은 남아 있다

시

바람의 편지

밤새 내린 함박눈은
마당에 샤륵 샤륵 쌓이고
마른 가슴에 눈보라가 피어난다

문풍지 흔들리는 바람에
대나무 마디마디 목숨 같은
날숨소리 칸칸이 차오른다

나뭇가지 피어난 하얀 꽃들
바람에 나부끼며
그대 눈이 되어 오고 있다

달빛에 졸고 있는 길모퉁이
서리꽃으로 피었다 떠난 그대
나는 언 땅에 뜨겁게 입 맞춘다

박민정 시인·시낭송가, 한국문협 70년사 편집위원, 제23회 황진이문학상본상 외, 제27회 전국글사랑시낭송대회 금상, 시집 『기억 속에 피는 꽃』

달 가듯 떠나야 한다 외 1편

피에로의 웃픈 모습으로
평생을 길 위에서
길을 잃은 바람처럼
비틀거리며 살았다

서러운 눈물에 젖어 몸부림쳤다
갈가리 찢긴 마음의 상처
찝질한 눈물 자국만 남은
이별의 손짓만이 있을 뿐이다

아버지와 남동생의 눈엣가시인 난
그들의 귓속말을 들을 수 없다
어둠이 재촉하는 건
비틀거리던 그 밤의 빗소리뿐
애증의 속살거림이 내 귀를 간지럽힌다

가시 돋친 검은 그림자 없는 곳으로
더 멀리 떠나려 한다
뒤돌아보면 안 된다
달 가듯 떠나야 한다.

나팔꽃

이슬 맞고
사랑으로 피는 너
온종일 싱글벙글
벙글어지네

다소곳이
애교 떨며 오르는
가녀린 보랏빛 연정
애틋한 사랑으로
햇살 타고 오르네

오늘은
사랑하는 님 만나려나
바람결에 두근두근
그리움의 촉수 밀어 올리네

아침에 피었다가
저녁에 지고 마는 너
짧은 하루살이 눈물꽃.

박경희 〈월간시문학〉시 등단(2010), 한국현대시협 위원, 현)월간신문예 편집장. 시집 『하늘을 바라보면 배가 고프다』 외

홀로 마시는 진한 그리움 외 1편

한 잔의 그리움을
커피에 타서 마셔봅니다
진한 향기가 온몸을 감싸면
그대가 더욱 보고 싶습니다

비 내리는 창밖을 바라보며
자꾸자꾸 그리움을
녹여 마시게 됩니다

뿌연 유리창엔 웃는 그대가 보이고
커피잔 속의 그리움은 목줄을 타고
온몸으로 흘러내립니다

석촌호숫가 한적한 카페에서
떨어지는 빗방울 위로 흔들리는 내 눈길
쓴 커피잔 속, 그리움 한 스푼
촉촉하게 다가오는 그대 모습

시

오래된 그리움

커피가 생각나서 물을 끓인다
컵에 두 스푼의 커피를 넣고
뜨거운 물을 따른다
스푼으로 동그라미를 그리며 젓는다
커피향이 코끝으로 스며든다
한 모금 목젖으로 넘긴다
진 한 맛과 그윽한 향
내 몸은 추억으로 달린다

나는 언제부터 커피를 좋아하게 됐을까?
그건, 너를 알고부터였다

네가 보고프면 커피를 마셨지
커피가 생각나면 네가 그립고
네가 그리우면 커피를 마시고,
비가와도 눈이 와도 바람이 불어도
나는 늘 커피가 먹고 싶어.

민용태 고려대학교명예교수, 스페인마차도문학상외, 시집 『나에 대하여 내가 아는 모든 것』 외.

수초 낚시 외 1편

이른 봄은 수초 낚시가 최고
마른 갈대 사이에 숨어 수초에 낚시를 던진다
갈대에서 갈대로 가는 갈대
수초는 물에 머리를 풀고 눕는다
갈대가 바람결에 눕듯이
수초에게는 바람도 물도 하나다
입도 물도 하나다
물결에 흔들리는 가는 몸들
어느 것이 물, 어느 것이 풀?
찌가 올라온다 찌가 내려간다
재빠른 챔질! 잡았다!
잡는 기쁨 놓아주는 행복
하늘 물에 삶도 죽음도 하나다

시

가을 운동

나무는 파란 그림책을 펼친다
구름은 하얀 책장을 넘긴다
시간은 친구가 셋:
서 있는 기다림
만나는 손, 이파리
그리고 나무, 나무 위 이끼
나무 만나러 나는 날마다 나간다
오래 살라고 열심히 운동하느냐고 묻는다
그렇다고 나는 숲을 본다
올해도 벌써 단풍이 들었다
가을은 참 오래 산다
빨갛게 손과 속을 불태우며

모상철 신문예문학회 자문위원, 신문예문학회 최우수상 수상, 저서 『3분의1 언저리의 흥얼거림』

벚꽃잎이 흩날리던 날 외 1편

햇살이 바람을 타고
재촉을 해댄다
하얀 나비 작은 날갯짓으로
춤을 추어댄다
한소끔 바람 따라서 메아리로 다가오면
연분홍빛 햇살에 안무를 펼쳐 보인다
줄을 이어 서성이다
화려한 춤사위에 너울너울 하늘위로 오르고
파란 하늘에는 흐드러진
삼색의 무희들이 장관을 이루고
아쉬움이 빈공간에 자리한다
연둣빛 미소 일렁이는 희망
바람따라 손짓을 해댄다

바람이 전해주는 그리움

서두르는 마음이
하얀 서리꽃이고
햇살에 내주니 맺혀진 이슬이
소리 없이 흐른다

가슴속 허전한 아픔
두 팔로 감싸 안으니
벅차게 밀려오는 소외감
굴곡진 주름살을 다독인다

허무한 세월의 무게를
묵묵히 걷는 발자국 소리
이슬이 맺혀진 눈가를 소리 없이
세풍이 스치듯 지나쳐간다

명금자 한국문인협회 회원, 제4회 대한민국경제문화 공헌 대상, 문화예술 작가(시)부문 대상.

망향의 동산

오천 년 이어온 배달의 민족
무궁화 동산
일제의 총칼 앞에
젊은 피 강제 징용

타향살이 몇 해 동안 청춘은 늙고
헤매 돌던 영혼
무사귀환 금의환양 바라며
정한수 떠놓고 빌고 빌던 어머니

타관 땅 불효자는
가슴을 치며 통곡해 봐도
한번 가신 어머님은
뵈올 길 없어라

고국을 떠나 머나먼 이국땅
하늘에 구름과 바람은
자유로이 오고 가건만
그리운 고향 산천은 왜 이리 머나먼지

시

하늘길에서나 만나려나
꿈속에도 그려보는
보고픈 부모 형제들
땅을 치며 엎드려 통곡합니다

맹태영 동의대학교 미술학과 졸업, 아태문인협회 부이사장, 한국문협 회원, 제2회 아태문학상 외, 시집 「꽃방귀」외.

첫사랑 외 1편

4월이 오면
나는 저절로 눈이 감기고
주르륵
눈물 흘린다

남실바람에도
부끄러워
하르르 하르르
날아오르며

얇디
얇아서
가슴에 달라붙은 채
떨어지지 않는 너

붉게
물들지 못한
연분홍
꽃잎 알레르기

매축지 마을

아래는 매립되고 위로는 고립된 채
뒤로는 철길이요 앞으로는 바닷길
간신히 한 사람만 지나갔던 골목길

세월은 흘러 흘러 마부도 사라지고
갈 곳 없던 피난민 사랑도 떠나버려
레일 위 여닫이문 자물쇠로 잠겼네

그늘진 구석에는 이끼만 싱싱하고
늘어진 빨랫줄에 빨래집게 춤추며
오래된 고무 물통 빗물만 쥐고 있네

봄바람 어디 가고 겨울바람뿐인데
양지 녘에 조부는 길고양이 한 쌍만
찢어지고 부러진 흔적들만 뒤지네

아래는 매립되고 위로는 고립된 채
뒤로는 철길이요 앞으로는 바닷길
간신히 한 사람만 지나가는 골목길

류영환 2016년 대한민국예술인 협회, 〈청일문학〉 등단, 시집 『나도 바람이고 싶다』 외.

기다림 외 1편

보고 싶은 마음
살며시 놓고 갑니다

일흔 살 나이
가슴이 한겨울 문풍지
떨리듯이 떨립니다

어릴 적
엄마의 젖가슴을
만지작만지작 거리듯이

살며시 놓고 간다는
그 마음을 만지작거리며
기다리겠습니다

엄마의
치마폭에 묻은 아이의 얼굴처럼
가득 넘치는 행복을
꿈꾸면서

시

다소니

윤슬처럼
나타난 그대
시나브로
다가오더니
사랑으로 자리 잡아
너울너울거리네
그대여
또바기로 있기를
바라면서
다소니라 부르며
우리 행복하자

노유정

2009년 《문예운동》誌로 등단, 현)한국현대시협 이사, 아태문협 부이사장, 한국문협·국제펜·부산문협 회원, 시집 「네 안의 바다」 등 7권.

바다 장례식 외 1편

제주 바다가 고향인 남편의 유언
내 죽으면 나의 유골 바다에 뿌려주고
당신은 자동차 운전만은 멈추시게
그러나 유골만은 납골당에 모셨다

꿈속에서 남편 왈
내게 입힌 철갑옷을 벗겨달라고
몇 번의 부탁에도 꿈이려니 무시했다
딸의 꿈속에도 가슴 치며 말했단다
갑갑하다고 답답하다고

아, 이제는 실천을 해야 한다
평생을 고생하며 살아온 내 남편
내가 그 말 들어주지 못한다면
그 마음의 서러운 빗장을 누가 풀어줄까

인간 최후의 고뇌로 바다 장을 치루었다
인생은 어디서 와서 어디로 가는가
공허한 마음은 무언가 시원 섭섭
파도야 가거라 내 님의 꿈을 싣고
오대양 육대주로 자유를 데리고
마지막엔 돌아오라 님의 고향 이 바다로

남산에 올라

2024년 남산에 올라서니
가슴 한복판이 뻥 뚫리며 피로가 풀린다
장엄한 시가지의 웅장한 위용에 압도된다

누가 전쟁을 겪은 도시라고 할까
미국을 살다 온 나로서도 감동이다

기적은 기적을 낳는다더니
한강의 기적을 한 눈으로 바라본다

전 세계를 능가하는 풍광에 자랑스러운 대한민국
발길 닿는 곳마다 훌륭한 문화 향기 경건하여라

오, 위대한 나의 모국 남산의 정기여
삼천리 방방곡곡 뿌리내린 문화유산
눈길 가는 곳마다 위대한 자존이 끓는다

유구한 역사를 자랑하는 한국의 문화재여
자유하게 올라 6.25의 흔적 되새겨볼 때
내 발길 흐뭇하게 반겨주는 남산에서
예쁜 자물쇠 보며 마음의 공허를 씻어낸다

노신배 한국문인협회 회원, 시집 『늦은이 허튼소리』 외, 문예계간 시와수상문학 운영이사.

난초 1 외 1편

바위틈 비탈진 골
따사로운 봄바람에
홀로

웃는 듯 여미듯
청초한 미소에
천년의 향기 가득한데

사무친 그리움
먼 하늘 너머
그곳에

임은 보이지 않고
흰 구름만 한가로워

애틋한 이 마음
전할 길 없네

대나무 1

달빛 젖은
소슬바람에

천 년을 푸른
순결 안고

임 그리워
잠 못 이루는 밤

홀로
목울음 삼키며 흐느낀다

남현우 코리아포럼 고문, 제2회 하유상문학상 수상, 시집 『우리로 가는 길』

해변의 산책로 외 1편

저녁 노을이
수평선 위로
꽃처럼 피어오르고

물결 스쳐오는
싱그러운 미풍이
무거운 마음을 가벼이 하네

바람결에 들려오는
섹스폰 소리에
발걸음 즐겁고

연인들의
사랑이 싹트는 모습이
더욱 아름답다

해 저문 여름날
해변의 산책로는
낭만과 사랑이
물결 위로 흐르네.

시

동행은 아름답다

동행은
봄날에 피어나는
꽃처럼 아름답다

동행하는 길에는
고독이 사라지고
나만으로 이룰 수 없는 소망을
이룰 수 있다네

인생길에서 동행은
꽃처럼 아름다운 길이요
그 길에는 사랑이 피어난다

세상에서
가장 아름다운 동행은
사랑으로 함께 걸어가는
부부이리라.

김환생 고교 교장 역임, 미주지회문학상 외, 시집 『노송老松』 외.

풀 외 1편

풀을 뽑은 자리
움푹
주먹 하나 넓이로
패어 있는
허공虛空,

내 손아귀에서
우두둑 끊어진
풀뿌리들이
파르르르
슬프게 떨고 있다.

고추잠자리

앞뜰 산해당山海棠
푸른 잎이
시들고
석류나무 잔가지에
가을빛이 머물 때

빨랫줄
빈 줄 받쳐 든
긴 장대 끝,
빨간 고추잠자리
한 마리

어디서 날아왔느냐?
너는

한결, 점잖게 부는
가을바람에도
여린 날개가 파르르 떤다.

김현숙 이화여대 영문학과 졸업, 1982년 〈월간문학〉으로 등단, 윤동주문학상 외, 현)이화동창문인회 회장.

오늘 사랑 외 1편

꽃이라 해도
너무 가까이서
밝은 얼굴 한참 보고 있으면
푸른 나무 그늘에서
잠깐 쉬어가고 싶다

새라 해도
너무 가까이서
쉼 없이 조잘대는 얘기 듣다 보면
입 꿰매고 앉은 바위에 기대
잠깐 눈붙이다 가고 싶다

오늘
나의 사랑은
나무인 듯 바위인 듯
먼바다를 꿈꾸며
고요 속에 졸고 싶다

시

꽃을 보다

어제 반쯤 벌었던 벚꽃
오늘 만개하여
눈꽃 세상이다

어른이나 아이나 카메라를 누르다가
서둘러 사진 속으로 들어간다
누구는 꽃그늘에 들고
누구는 멀리서 본다
다른 누군가는 꽃가지를 분지른다
사랑한다는 말이 푸짐하다
사랑한다는 말이 서로 다르다
사랑이 이처럼 물결치면서
그 안에 바람을 기르고
그 바람은
곧 꽃잎을 날릴 것이다
한 번 핀 꽃은 머물지 않고
언젠가 그 자리를 비울 것이다

김현숙(수영) 황금찬문학상 본상 수상, 강서문인협회 재정국장 역임, 중앙대 문인회 이사 한올문학가협회 사무차장.

늪 외 1편

여자는 까탈스러웠다
빨간 슬립의 끈이 섹시하게 떨렸고
얇은 입술은 초승달처럼 차가웠다

꽃뱀 같은 혓바닥을 날름거리며 허물을 벗어 던졌다

크로키를 하는 속도로 서로를 더듬어 갔다
빨간 줄장미가 담장을 기어 올라가는 몸짓으로

남자는 체위를 슬며시 바꾸며
오아시스가 달아오른 여자의 비위를 맞추었다

여자는 나지막한 신음을 내며
탄탄해진 개불을 찾았다

푸른 밤하늘의 별들이 몇 번은 빛났고
남자의 아래 근육이 독 오른 파충류처럼 단단해졌다

사타구니가 붉은 꽃잎으로 물들었다
붉은 사과 한 알에 부풀어 오른 늪이 깊어져 갔다

홍도에 가면

해 질 무렵이면
섬은 붉게 물들었다

바람과 파도가 조각한
붉은 벼랑 끝엔
손 타지 않은 석곡石斛* 한 떨기
섬을 떠나지 못하고 있었다

우거진 구실 잣 밤나무**
노랗게 핀 봄날
애끓는 연리지
붉어진 거시기 내음이
비릿하게 섬을 뒤덮었다

뱃고동은
물살을 가르는데
갈매기 떼
푸른 바다 붉은 섬을
파닥거리며 지키고 있다

석공의 손 같은 파도는
붉은 절벽에
파이프 오르간을 연주하며
세례식을 한다

*석곡: 난초과의 여러해살이풀
**구실 잣 밤나무: 홍도에 있는 밤나무의 일종

김하영 국제펜한국본부 이사, 제24회 영랑문학상 외, 시집 『보리밭 바람에 일렁이며』 외.

싸락눈 외 1편

삭풍 몰아치는 겨울날
하늘에서 싸락눈 내린다
추수 끝낸 텅 빈 들녘
사뿐히 내린 싸락눈

흰옷으로 덮여있다
싸락눈 내린 저녁
호롱불 문틈으로 새어 나와
겨울 저녁 아궁이에 잉걸불 붙인다

오늘 밤도 계속 내리고 있다
잎 열매 다 내어주고 봄을 기다리는
노을진 언덕 모진 칼바람 맞고
잎 떨군 나목 을씨년스럽게 서 있다

동지

추운 겨울날 어머니 팥죽을 쑤신다
가족의 건강 챙기며 잡귀가 얼씬 못하게
다 쑨 팥죽 대문간 장독대 놓고
무사하길 빈다 잡귀는 붉은색 싫어한다

예부터 동짓날 팥죽 쑤어 가난한 이웃
갖다 주곤 했다
숟가락 뜰 적마다 보름달 같은 새알이 뜬다
달은 계속 떠오른다

김태형 시인·문화평론가, 제10회 월파문학상본상(평론), 제10회 신문예문학상대상(시), 저서 『윤치호 선배를 기리며』 외.

의료대란 2 외 1편
— 고래와 새우의 노래

바람이 거세다
정부의 강철 손아귀, 정치 교수들의 거센 외침
졸속정책의 불씨 타오르는
화마가 나라를 집어삼킨다

우직한 전공의들, 의과대학생들
국내외를 떠도는 방랑자
연어의 힘으로 거친 물결 거슬러
다윗의 투지로 골리앗을 넘어

정부가 주장하는 OECD 평균 아닌
세계인이 극찬한 K-의료
다시 세울 그 날 위해
돌아오라 희망의 빛 되어

의료 대란 3
- 라인홀드 니부어의 기도에 부쳐

나는 기도를 한다
쪽잠 자는 교수들을 위하여
방황하는 전공의, 의대생들을 위하여

나는 오늘 기도를 한다
평온함을,
지혜를,
용기를 달라고,
변화시킬 수 있는 것을 변화시키는 용기를 달라고

나는 오늘 울면서 기도를 한다
나락에 떨어진 한국 의료를 되살려 달라고

김태룡 국제펜 이사, 한국신문예문학회 자문위원, 농민문학상 외, 시집 『망각의 계단』 외.

허수아비

느낌이 있어
느낌일 거야
설령 진실을 외면하더라도
너의 곁에 겁劫으로 남으리라

두 팔을 치켜든 채
한恨이야
한恨이야
가닥가닥 뼈마디 저려드는
진한 아픔일지라도
선한 바탕의 의미를 간직한 채
참고 견뎌온
인고忍苦의 세월

아마 스쳐 지나간
바람일 거다

시

어두움이 오고
무겁게 내려앉은 긴 그림자
고독의 지평地坪이 있어

천길 땅 속으로
내려 산 채
아련히 떠오르는 추억의 한 자락
어느새 찾아온

김찬해 한국신문예문학회 이사, 탐미문학상 외, 시집 「숲속의 울림을 풀다」

적당하다는 것의 멋 외 1편

무엇이든
적당한 것이 좋다
힘차게 낙하하는 폭포수
네 모습 보더라도

자연의 숨겨진
내면 모습이 아름다운 것은
안전함을 확인한 이후이듯

人의 삶도
언제나 부족한 것보다
필요한 것이 과하지 않으면서
적당함이 있을 때다.

시

배변의 비밀

당신의
건강은 이상이 없나요
그 관리도 능력이다

매일 황금
비밀을 버리면서 그 가치
모르는 것 아닌가요

사람은

잘 먹고
잘 배출할 수 있을 때
복 받는 것이니

人이여
황금보다 귀한 건강은
배변에 있음 잊지 마세요

김진중 현)한국문협 25,27대 민조시분과회장, 대표시집 『사촌시편』 외

(민조시)
돌부처 연못가 외 1편

물거미
물잠자리
물위를 걷네,
물나라 예수님.

불꽃속
불생불사
불타님은요
불나라 붓다님.

시

無爲自然 1

꽃가람
달빛안고
태몽을 꾸어
아침해 낳고요.

푸른뫼
불빛 이고
온숨결 품어
꽃잠을 재우네.

김종상 1960년 서울신문신춘문예, 한국문협 고문, 대한민국문학상 외, 동시집 · 시조집 등 70여 권.

첫사랑 외 1편

당신도 젊었을 때
첫사랑 했던
여인 있었지요

그거야 당연하지
매우 사랑한
연인이 있었지

그러면 그년하고
결혼을 하지
어떻게 했어요

그래서 그년하고
결혼을 해서
이렇게 살잖아.

부부 재산

궁금해 묻겠는데
우리 집 등기 당신 앞이지요

그거야 당연하지
내가 호주니, 내 앞으로 있지

땅이나 승용차도
당신 앞으로 다 되어 있지요

그것은 알면서도
왜 묻는 거야, 새삼스럽게도

그러면 나는 뭐요
나는 없으니. 물어 보았어요

참으로 답답하네
그것을 가진 내가 당신 건데.

김율희 약력 국제펜한국본부 편집장, 한정동문학상 외, 저서 『코코코 나라』 외.

파란 달 이야기

내 머리 위에는
늘
파란 달이 떠있다.
우주여행을 다녀온 날
화성도 아니고
목성도 아니고
명왕성도 아니고
파란 달이 나를 따라왔다.
투명하지도 않은 밝음,
혹은 무지갯빛 세상에서
파란 달은, 거만한 그리움으로
거미줄을 깔아댄다.
우지끈,
두통이 심해진 나는
파란 달을 만나러
사다리를 타고 올라간다.
말하지도 않고 침묵하지도 않는
파란 달의 언어로

시

나는 바람을 연주하고
파란 달은 환하게 웃으며
화답한다.
파란 달은 얼룩말에 코끼리에 개구리에
하늘색을 칠하고
나는 사다리 끝난 하늘에서
파란 달을 만난다.
파란 전율의 시대,
파란 달의 세상이다.

김영용 시인·수필가, 《문인예술교류회》 회장, 한국문인협회 회원, 꽃뜰힐링시낭송회 수석 부회장 역임.

말에도 향기가 있다 외 1편

말에도 향기가 있다
말의 향기는 바람이 없어도
혼자 천리를 달려간다

말에는
말씨가 있어 가슴에 세상에
뿌리를 내리고 꽃을 피워 향기를 날린다

거친 말은 상처를 남기고
고운 말은 행복을 남긴다

말은 내가 편한 대로 하는 것이 아니라
상대가 듣기 편한 대로 해야 한다

고운 말을
하는 사람을 곁에 두어야
향기가 묻어 발걸음마다 고운 향이 풍길 것이다

좋은 사람이란 좋은 입이 만든다.

만남

고운 만남은
서로를 닦아주어
행복이 넘쳐나고

불편한 만남은
서로에게 상처만 주어
천하게 된다

길가의 돌멩이 일지라도
보석으로 보아주는 사람에겐
고귀한 수석이 되고

아무리 귀한 보석이라도
상대가 하찮은 돌로 본다면
돌멩이가 될 뿐이다

자신을 보석으로 보아주는 사람은
보석만큼이나 흔하지 않다
보석으로 보아주는 사람을 감사히 여기고
소중히 해야 할 것이다.

김영엽 사회복지석사, 신문예문학회 회원, 인사동시협 이사, 황진이문학상 외, 시화전입상.

내 생일 날 외 1편

오늘은 내 생일
풍성한 한가위

휘영청 밝은 둥근 달 바라보며
어머니를 그리네

우리 어매가 열여덟에 날 낳으시고
추석날 아침에 무얼 드셨을까

아버지 군대 가시고
보릿고개 넘으셨는데

이 자식 철들어 물어볼 사람
모두 내 곁을 떠나갔네

시

가을 배낭

가을 빛 배낭 속에 담긴
오색 단풍잎 같은 사랑

어릴 적 친구에게 줄 알밤 가득
무겁기도 해라

햇빛과 비와 시원한 바람이
한톨 한톨 만들어 준
귀하고 탐스런 선물

아 어깨를 짓누르는 배낭에
우리들의 진정한 우정이 들어 있어
그 사랑 둘러메고 걷는
발걸음 가볍기도 해라

김영순 시인·수필가·소설가, 대한적십자사 정년퇴직, 월간《신문예》등단, 신문예문학회 사무국장, 제11회 에스프리문학상 외,

마음과 생각 사이 외 1편

가까운 곳 먼 곳 오가며
매일매일 걷고 또 걷는 길
생각 없이 걷는 길
생각하며 걷기도 하는 길

나를 정화하는 길 위의 생각들
그중 알 수 없는 마음이란 것
온 세상 누구나 다 가진 것
잡을 수도 볼 수도 없는 그것

누군가에겐 꽃이 되기도
누군가에겐 사랑이 되기도
둔 곳 없이 수십, 수백으로
달라지는 그 마음과 생각들

이래도 좋고 저래도 좋은
내게 들어온 마음 하나
잡아야 하나, 다스려야 하나,
볼 수도 잡을 수도 없는
그 마음 또한 수십, 수백으로 번지네

구봉도 해넘이

해송이 바람과 벗하는 구봉도
파도에 밀려온 조개들이
세월을 세 듯 새하얀 길을 낸다

갈매기들 창공에 날고
푸른 바다 물결 멀어졌다
소식 없이 다시 돌아오는 곳

무엇이든 받아줘서 바다라고
창공엔 갈매기와 함께 나는 비행기
저 멀리 뱃고동 소리 아련하네

용솟음치는 파도처럼
시인들의 마음속 일렁이는 시심
노을빛 사랑에 흠뻑 젖어 저무는 바닷가

다시 만날 날 기약하지 못한
첫사랑 이별의 그 날처럼

김영수 시인·수필가·소설가, 대한적십자사 정년퇴직, 월간(신문예)등단, 신문예문학회 사무국장, 제11회 에스프리문학상 외,

어머니는 시인 외 1편

어머니는 시인
보고 듣고 느끼고 생각하신 걸
날마다 시로 쓰신다

어머니는
높고 넓고 끝이 없는 하늘
해와 달, 별과 구름하고 말한다

어머니는
산처럼 높고 바다보다 깊다
새소리 물소리 바람도 시가 된다

어머니는
나눔의 천사이다
열여덟 해 *인사동 사람들*을 준다

어머니는
이 세상 사람에게 나눔의 시로
웃음과 행복을 주는 시인천사다.

복숭아꽃 피는 날

연분홍 복숭아 꽃이
살짝 미소를 짓고 있으면
꾀꼬리는 실꾸리처럼 집을 짓는다

나뭇가지 끝에
대롱대롱 달아
놓은 집
봄바람 따라 그네를 타고 있다

복숭아꽃 활짝 핀
꽃밭에서
요리조리 날고
있는 꾀꼬리 한 쌍
들판은 온통 푸른 바다

복숭아가 커가듯
꾀꼬리는 알을 낳아
새끼를 기르고
농부는 푸른 파도를 보며 환히
웃고 있다.

김애란 시인 · 수필가 · 여행취재작가 · 숲해설가, 시집 「하늘빛 닮은 원석으로」, 전자시집 「새들처럼 노래하다」 외.

비가 아름다운 것은 외 1편

비가 아름다운 것은
투명한 물방울이
발길 닿는 곳에 따라
노래가 달라진다

떡갈나무잎 미끄럼 타고 내려온 빗방울
작은 연못에 큰 원으로
작은 원으로
왈츠곡이 되기도 하고
스타카토로 짧고 빠르게
떨어지기도 한다

나뭇잎에 붙어 있던 빗방울
바람 살랑 불어 주면
잔물결 파동이 인다

관악수목원 길에 만난 애벌레
나뭇잎 뒤에 붙어 바람과 함께 춤을 춘다

거울 정원

물 안에 그림자가 비친다
거울처럼 투명한 물결

건물도 친구같이 들어와 있고
키 큰 느티나무 우람하게 버티고
넓은 잎 일곱 장을 자랑하는 칠엽수
사이좋은 풍경이 되어 비친다

풍선 들고 가는 아이와 엄마 사랑도 있고
그림 같은 연인 사랑도 있고
강아지 산책 나온 아가씨도
물속에서 걷는다

'거울아 거울아
누구 모습이 예쁘니?'

거울 정원 풍경은 평화로운 휴식의 시간이다.

김숙희 시인·시낭송가·문학박사, 전국시낭송대회 13관왕, 시집 『국수와 소녀』 외, 현)전남생명과학고 영어교사.

새벽은 벽이 아니야 외 1편

하루의 벽들을 허문다
공구를 챙긴 봉구 아버지와
바퀴가 아직 동그란 원 영감 리어카는
골목의 절반 이상을 빠져나갔다

약수를 뜨러 가는 문 씨 할아버지 부부는
오늘이 이천 번째 물 뜨기 날이라며
저녁에 기념 외식을 나갈 거라 하였다

새벽은 하루의 벽이었지만
그 벽을 허무는 사람들에겐 벽이 아니었다

시의 무사들

잘 갈무리된
시의 얼굴 언저리에는
깔끔하게 지나간
칼자국 같은 게 그어져 있어야 한다고
취기가 오른 노 시인은 목소리를 높였다

그때부터 나는 시가 더욱
무서워지는 것 같아서
한동안 시의 곁으로
다가서기 힘든 시간을 지냈다

자세히 살펴보니 허리춤에 칼을 차고
헝클어진 머리카락을 바람에 휘날리며
시를 베러 떠나가는
무사 같은 시인들이
눈에 뜨이기 시작하였다

김수연 시인·시조시인·문학평론가, 한국문인협회 미주지회 해외문학상 외, 시집「시 짓는 여자」외 시조집 다수.

(시조)
구름 위에 올라앉아서 외 1편

걸어가다 뛰다가
허공을 날아가서

숨 한번 내어 쉬어
한순간의 떨림이여

시간은
빛을 등지고 기어이 가버리나

불어오는 바람 속
안개만 자욱한데

구름 위에 올라 안장
어디를 보고 있나

쏟아낼
눈물 다 비운 그림자 멀어진다

시

남은 시간

끝까지 가겠다며
당당한 척
길을 열어

수많은 헛발질에
발가락이 앓는 날은

까짓거,
쉬었다 가지
어딘가 중간쯤에

김선일 시인·시조시인·문학평론가, 한국문인협회 미주지회 해외문학상 외, 시집 「시 짓는 여자」 외 시조집 다수.

구월 찬가 외 1편

관계 늪에 솔잎 물고
주섬주섬 섬섬옥수 보따리 펼치고
콩가루 묻은 가장자리
바람결 풀피리 소리
파도에 우려 띄운다

기다리는 한가위에
풀섶 귀 기울이고
종달새 가락 낙엽길 안내한다

길게 늘어선 코스모스
베르테르의 슬픔 소환하고
늘여진 엿가락 인연
가다듬는 길 끊없이 노닥거려
영산강 굼실굼실
햇살 부신 오후
에둘러 그 내음 풍겨낸다

산길 백리 거머쥐고
서녘빛에 물들여
여울진 물결에
그대 가슴 때리는 추억
그 길목 푸르게 다시 꽃으로 핀다

삶 27

흐름 태워 나선 잔솔밭
곧게 뻗은 신작로 바라보며
돌고 돌아 둘레 있고

바람맞아 서둔 구름
세월 노도 서성이다
아스라한 길잡이 만나

길게 여물어질 노란꽃
늦게 오른 벌판에 그 빛 보며
아름드리 고요한 청춘 고목에

가슴 태워 다시 돌아서
높지 않은 동행의 고단함 위에
에움길 도두라질 그 잔잔함을 엮는다

김석인 시인·수필가, 안중근의사문화예술연합회 자문위원, 시집 『詩가 뭔데』 외.

그래도 통일은 대박 외 1편

통일은 대박이라고 했는데
남북으로 찢겨진 이 땅은
가짜뉴스 껍데기들이 들끓고 있으니

한반도에 통일이 온다면
남남보다 남북갈등이
더 심해질 것이 두렵고 불안해져

지역과 이념 갈등이
이처럼 심각하게 된다면
대통령을 수입해야 할지 걱정
그래도 한류 문화는 수출하는데

북한은 지하자원이 풍부해서
원자재를 수입할 필요 없고
남한은 자본과 기술이 앞서니
남북이 하나가 된다면 통일은 대박

안보는 생존문제

온 나라가 연일 시끌벅적하네
비정상으로 제조된 럭비공같이 생긴
북녘땅의 사발 머리 하나로 인해서

맑은 하늘에 천둥소리는 요란한데
기다리는 한줄기 소나기는 오지 않고
웬 놈의 오물풍선, 미사일 발사 소식인고

지구촌 반대편 프랑스 파리에서는
오늘도 선수들의 메달 사냥에
선수들과 온 국민은 한마음인데

어려운 경제와 이웃 나라 눈치 보느라
갈등과 비방으로 민심만 허허롭구나
국가 안보는 온 국민의 생존문제인데

김민정 시조시인 · 수필가 · 문학박사, 한국문인협회 부이사장 겸 상임이사, 저서 『펄펄펄, 꽃잎』 외.

(시조)
치명적 진실 외 1편

오감 중에 절대적인 눈을 잃은 절망감이
조금씩 회복되는 가능성을 열어가며
소설가 '사라마고'는 담담하게 쓰고 있다

갑자기 눈을 뜬 채 우유에 빠진 듯이
진하고 균일하게 백색실명 찾아와서*
한순간 전파된다면 지금 우린 어떨까

우리는 처음부터 두 눈이 멀은 거야
볼 수는 있었지만 안 보려고 애쓴 거야
여의도 혹은 광화문, 눈 뜬 장님 지나간다

* '눈 먼 자들의 도시'에서 인용

겨울 화두

수없이 밟힌 자국 한순간에 지워진다
하늘땅 가뭇없이 묵념에 든 해인사 길
일주문 조아려 서서 도량을 닦고 있다

눈 쌓인 계곡 아래 물줄기도 참선이다
하염없이 내려앉는 소복한 눈을 털자
적멸을 꿈꾸며 가는 고무신도 한 켤레

앞뒤도 분간 못할 희부연 시야 속을
장삼자락 붓자국이 써내려 간 일필휘지
이제야 눈발 멈추고 스스로를 열고 있다

김민선 성악가(Soprano), 목원대학교 음악교육과 성악전공, 서울대학교 대학원 성악전공.

그대 그리고 나

따뜻한 햇살과
지저귀는 새들의 노랫소리에
그대와 나
잠의 여신과 이별을 하죠

그윽한 커피 향을 마시며
향기 좋은 음악은
당신의 눈빛을 타고
나에게 사랑을 속삭이네요

긴긴 세월
알콩달콩 건강하고 살아주어서
고맙고 감사해요

어느덧 당신과 내 머리 위엔
하얀 설원이 내려앉고
지나간 세월과 추억들
말처럼 달려가네요

시

소풍 끝나는 날
당신 손 잡고
하늘 저 무지개 너머로
금빛 반짝이며 날아가는 날

그대 그리고 나.

김미정 한국현대시인협회 이사, 김소월문학상 외, 저서 『그늘 좋은 나무 아래』 외.

노옥, 그 화해

우주 공간에 떠도는 별
허공에 지어진 집 한 채
풍우에 시달리고 뙤약볕에 그을며
시간의 탯줄에 목조인 채
물레방아처럼 쉴 새 없이 돌고 돈다

타오르는 내궁, 시련의 불꽃들
자멸하는 욕망의 터널과
예기치 못하는 물살에 부대낀 낡은 가옥
뒤틀린 축에서 삐져나오는
녹슨 못들과 경첩

재건도 복구도 안 되는 고옥
예저기 시멘트 병동에서
나사를 갈아 끼운다는 소식
얼마나 더 견딜 것인가
동병상련의 아픔과 두려움에
가슴을 내주다가

시

문득 빛줄기 하나를 만나니
그래, 허공의 집이다
허공에 지어져 허공으로
아니 천공의 별 하나로 가는 길
무엇이 두려우랴

김명자 시인 · 시낭송가, 박화목문학상 외, 시집 『카오스의 눈물』 외.

동백꽃 지던 날 외 1편

하얀 눈 속에서
발그레한 볼 수줍게 내밀던 너에게
내 순정 모두 주고
작은 바람 속삭임도,
마른 풀잎의 사랑 나눔 소리도
모두 들을 수 있었는데
지금은,
땅바닥에 붉은 물이 흥건히 고이도록
울며 부르는 소리도 듣지 못하고
내 앞에서 처연히 스러져가는
네 모습을 보고서야
나의 우둔함에 한없이 통곡을 한다

아~ 사랑이여!
내 사랑이여!
정말, 미안하구나~.

공지천空地天 2

뽀얀 안개가
이슬비 되어 가슴을 적셔올 때
새록새록 피어나오는
선사先史 시대적 기록은
얽혀진 시간의 색 바랜 일기장을 기웃거린다

레테의 강*을 넘지 못해
지금껏 살아온 세월은 아쉬움이 가득하고
살아갈 날들은 아직도 미정未定

그래도 감사해야겠지?

*) 저승에 있는 다섯 개 강 중 하나로 '망각의 강'이라 불림.

김도연 서양화가 · 시인 · 수필가, 한사랑문화예술협회고문, 종로예총 자문위원, 시집 『그리고 여백』외.

갈증을 잊는 법 외 1편

배고픔일까 목마름일까
알 수 없는 헛헛함
그 무엇을 원하는가
이것저것 채우려고
괜스레 헤매는 메마른 영혼
그러나 부질없는 것들이
아무것도 대신 할 수 없으니
나의 모든 것을 버리고
비로소 목마름을 잊으니
그분을 따라서
죽어야 사는 법을 배웠네

상처의 뿌리

나약한 마음이
시들은 꽃잎 되어 말라가다가
거부하지 못한 죄로
소리 없이 타들어 간다
하찮은 작은 것들이 모여
큰마음이 무너져간다
보지 못하고 듣지 못하고
안으로만 울음 운다
안타까운 마음들이 쌓여
체념되어 잊으려 한다
잘라내지 못해 아파하면서
고통 속에서 헤어나지 못하네
없앨 수도 없어지지도 않는
상처의 근원을 없애주실 분
오로지 희망은 그분뿐이네

김금용 1997년 《현대시학》등단, 현)계간 《시결》주간, 펜번역문학상 · 김삿갓문학상 외, 시집 『각을 끌어안다』 외.

문지방 외 1편

문을 열어야 그에게 갈 수 있다
문을 열어야 그에게 말 걸을 수 있다
문은 등 뒤에서 강물로 넘치다가도
문은 번번이 등 뒤에서 수갑을 채운다
문 앞에 선다
문고리를 잡고 선 시간 속으로
공기벽이 견고하게 잠기는 걸 듣는다
침묵이 터져나갈 곳을 찾지 못해
제 홀로 채워지는 걸 듣는다
문지방 하나 건너가면 될걸
까짓것 웃음 한 번 흘려주면 될걸
눈빛 한 번 피하지 않으면 될걸
알면서도 행하지 못하는 어리석음을
불면증에 시달려보지 못한 문이 낄낄거린다
꽃 피기를 기다려보지 못한 문이 혀를 찬다

젖은 빨래

귀 닫고 입 닫고
장대에 높이 매달린 채
벌서고 있구나

너의 아픔은
당분간 보류

따뜻한 햇살이
물기 많은 널 일으켜줄 때까지
뽀송한 공기층이
네 어깨를 다독이며
무거운 짐을 내려놓아 줄 때까지

오가는 맞바람에 더 부대끼며
눈 감고 말없이 견디거라

지금은 말을 아낄 때이다.

김규선 최치원문학관 시 창작반, 은점시문학회 회원, 의성군 문화관광해설사, 상전교회 담임목사.

소생 외 1편

둑길에 상처난 튜립

허물어진 흙더미에 묻혔다

잊어버린 시간

봄 둑길을 밝히고 있다

시

일벌

아까시 나무 향기에
벌이 모인다

끙끙대는 코
이 꽃 저 꽃
바쁘게 꿀을 모은다

해 질 녘 꿀 선물 들고
귀가歸家하는 벌

*일벌 : 꿀을 모으는 벌

김관형 한국현대시인협회 지도위원, 장폴싸르트르문학상 외, 저서 외 시집 다수.

그림자의 자취 외 1편

텅 빈 허공 속엔
시작도 끝도 없는 누리 품에
사실을 상징하는 그림자가 새겨 있다
구름처럼 잠시 머물다 가는 빈손 같지만
황금 시간 품에 묻혀
흐르는 추억에 낱낱이 그려져 있다
시름에 잡혀 눈물에 젖어든 자취나
웃음 꽃펴 향기가 일고 있는 맵시도
볼 수 없지만 재가 된 꼴은 아니다
역사란 이름 안엔
세상을 바꿔온 무한한 그림자가 있다
빛이 눈을 감고 온 누리가 흩어져도
세월 속 공간의 그림자로 새겨 있다
숨결마다 행복과 고통이 있으니
인생은 영원히 빛나는 흔적으로 남을
찬란한 태양 빛에 마음을 적셔
참신한 그림자의 열매를 남기란다.

낙엽을 밟으며

하늘 자락에 노을 지는 햇살을 본다
인생이 지팡이를 내려놓는 순간
기약 없이 펄럭이는 흰 머리칼 같다
빛살이 숲 사이로 내리는 오솔길에
빗나간 누리의 낙엽을 밟는다

삶을 지고 몸부림치는 나이테 흔적
그는 성취의 그림을 얼마나 그렸나
헛디딘 수렁에서 허덕이지 않았을까
모진 세월에 피붙이 탯줄이 끊어져
뒹구는 갈잎처럼 마구 짓밟혔는지

아니 남몰래 가슴속에 기술을 닦아
굉장히 가멸찬 높은 탑을 쌓았더라
묵묵히 땀방울로 꿈을 짓고 나누면
낙엽 지는 황혼 가을 하늘이라도
퍽 황홀한 노을이 일리라.

김관식
시인·아동문학가·평론가, 전남일보 신춘문예 문학평론, 김우종문학상 외, 저서 「현대시 창작방법과 실제」 외

찔레꽃 향기 외 1편

1
오월이 되면 고향 뒷산 밭둑에
하얀 찔레꽃 활짝 피었습니다
찔레꽃 향기 코끝에 물큰물큰
어머니 생각 아른거립니다
살아계실 때 가족들 뒷바라지
날마다 산밭에 쭈그리고 앉아
채소 가꾸고 풀 뽑던 모습이
눈앞에 뚜렷하게 떠오릅니다.

2
오월이 되면 고향 마을 뒷동산
하얀 찔레꽃 웃고 있었습니다
찔레꽃 향기 깊게 들이키면
이웃집 순이 얼굴 아른거립니다
어렸을 때 새침데기 소녀
지금쯤 어디서 무얼 하며 살까?
담장 위에 올라서 깔깔대던 모습
눈앞에 아릿아릿 설레발 칩니다.

시

우산 통발

냇물 속에
낯선 우산이 펼쳐졌다

우산 안에
된장 한 덩이 넣었다
?. !

미꾸라지, 피라미, 붕어, 동자개…
우르르 몰려들었다
통발 주위 기웃기웃
빙빙 맴돌다가
조심스레 우산속으로 들어갔다

우산 속 맛집
허겁지겁 된장 부스러기…
"야금야금, 냠냠!"
밖으로 나오는 길을 잃었다

허둥지둥
아가미 들썩들썩
물 밖 세상 덫에 갇혔다.

김경순 사)국제PEN한국본부 이사, 사)한국문인협회 대외협력위원회위원, 사)한국현대시인협회 이사.

더블 딥 고부지간 Double Dip 姑婦之間 외 1편

한 집안에 사령관이 두 명
안방에는 시어머니 부엌에는 며느리

엇나간 의식구조 밀고 당김의 시작
자석은 같은 극끼리 끌어당기지 않는다

남자는 중립적 여자는 적대적
고부간의 타협은
아시아와 아메리카의 협상보다 어려워

시어머니 쪽 방정식 시어머니 〉 며느리
며느리 쪽 방정식 시어머니 〈 며느리
오늘의 일기예보
저기압에 검은 구름 소나기 올 듯하다

* 더블 딥(Double Dip) : 경제용어, 불황에서 벗어난 경제가 다시 침체에 빠지는 '이중하강' 현상.

호스피탈 (Hospital)

호스로 피가 타고 흐르는 곳
동맥과 정맥이 있고
붕대로 도배해 놓은 듯

아픔의 절규가
극치極致에 다다르는

생과 사의 갈림길
중간 기착지寄着地

권규호 경북대학교·안동대학교 근무, 화폐박물관, 금호아시아나 근무, 대통령 표창, 국무총리 표창.

알러지 외 1편

꽃 피는 봄날이면
알러지(allergy)가 도진다

꽃을 사랑한 죄가
꽃을 꺾은 죄보다 크다

꽃밭엔 벌 나비 날아들어
쉬이 나누는 사랑도

꽃잎 가득한 봄날 나는
바람불면 몸서리치는 과민반응

몽실몽실 피어나는 솜털에 발작증
바람의 하소연도 거부해

꽃 지는 오늘 그대 짝사랑한 죄
가혹한 대가를 치르는 중

콧물 눈물 재채기로 도장 찍으며
티끌에 얻어 맞았다

시

꽃날

꽃바람 눈부신데
쿵! 심장 떨어지는 소리

나그네 가는 길에
꽃잎 흩날린다

꽃날 짧아도
이건 너무 짧잖아

벌 나비 찾기에도
이른 날씨

쏟아지는 꽃비에
눈물이 흐르누나

피었다 지는 것이
어디 꽃들뿐이랴

지나간 내 청춘도
피었다 지는 꽃이구나

구재기

구재기-시인·수필가·평론가, 한국문인협회 부이사장, 한국문학상 외, 시집『모시올 사이로 바람이』외.

수선水仙 앞에서 외 1편

한껏 핀 네 앞에서
함부로 꾸며낸 몸짓을
어찌 보일 수가 있겠어요

마지막 사랑을 감당하지 못한 듯
물 오른 빈 나무 가지마다
눈엽이 튀어 오르고
눈부신 아침을 맞아
햇살에 이른 듯 부풀어 오르네요

이제 남아 있는 것은
길게 늘어진, 지친 그림자 하나
그리고, 어떤 보상도 위로도 없이
헛되이 불어대는 빈 바람뿐

다소곳이 고개를 숙인
맨 나중의 내 말 한 마디,
오늘의 기도에서
내일의 소망을 크게 외쳐댈래요

가을 호우

번쩍, 어둠이 사라지는
한 순간 속에

우주의 일체가
두루 존재하여 온 듯

물든 은행잎 떨어지는 소리
우릉우릉

큰비 줄기차게 퍼붓듯
해적이*를 적고 있는

가없는
기도만 홀로 남았다

*해적이 : 지나온 일을 햇수의 차례에 따라 적어 놓은 것

곽광택 동작문협 고문, 한국노년인권협회 감사, 시집 『마음의 고향』 외.

가을 길 외 1편

가을은
기다림의 계절이 아니라
찾아가는 계절이다

길은 처음부터
있는 것이 아니다

누군가 지나다 보면 생긴다

길은 너와나
만남을 위한 통로
손잡고 마음을 주는 물결이다

너만의 기쁨 즐거움이
남에게 손해되지 않는
서로의 즐거움의 연결고리다

시

진리의 등불

과거에 얽매이지 마라
미래에도 몰두하지 마라

과거는 더이상 존재하지 않고
미래는 아직 오지 않았다

관심은 진실한 삶으로 가는 길
무관심은 죽음으로 가는 길

어둠 속에 빛나는
등불처럼 진리에 의지하라

진리 안에서
구원을 찾아라

세상에 많은 약 중 으뜸은
신구약이 최고다

강준모 고려대 정치외교학과 석사, 신문예문학회 회원, LG 연구원.

가을 하늘 외 1편

어릴 때는 이해하지 못한 말이 있다
가을에는 하늘이 높아진다고 한다
하늘이 하늘이지, 하늘이 높아진다는 게 도통 뭔지

어느 가을은 봄처럼 푸르렀으며
어느 가을은 여름처럼 뜨거웠고
어느 가을은 겨울같이 스산하였다

어느 가을의 나는 그저 명절 음식이 좋았고
어느 가을의 나는 아픈 이별을 맛봤고
어느 가을의 나는 낙엽을 쓸다 지쳤다

더 이상 어리지 않은 순간부터 가을이 짧아졌다고 한다

모든 가을이 떨어졌다
가을 비가, 낙엽이,
비가悲歌의 눈물이, 낙과가,

같이 떨어지는 시선이 채 떨어지지 못한 채 다시 떨어
지는 모든 것을 향한다
점차 위로 향한다 —
위로 —

아, 그래서
가을 하늘이 높다는구나
수많은 떨어짐에도 높은 하늘은 높은 채로 있었구나

비눗방울

푸른 봄 같은 물에
우리라는 비누를 잘 섞어
거품을 불고는 추억이라고 불렀다

망울망울 피어날 적에
붉은 아픔의 티끌에 닿아
추억은 다시 너와 나로 떨어졌다

수천 수만의 우리가
피어오를 적에 아름다웠던
끈적하고 지저분하게 떨어지더라도

오늘도 비눗방울 놀이를 한다.
햇살과 별빛과 바람과 새소리가 비칠 적에
비눗방울이 세상을 좀 더 밝게 하리라 믿는다.

강은혜 천지詩낭송회 회장, 한맥문인협회 동인회 이사, 양천문인협회 부회장, 시집 「날개」 외.

장흥 계곡 외 1편

장흥 계곡물 흐른다
귀청이 찢어질 듯 아우성이다
아니
저 물은 입이 몇 개나 달렸길래
이리 우렁찬가

아이들의 물놀이 소리와
악기도 없는 물의 연주는
여름을 즐기는 어린이들의
음악회다

처음처럼

처음 나는 산을 만났다
산은 아름답고 웅장하다
가까이 가보면 가시나무 풀 엉겅퀴
돌부리 거친 것들이 보인다

처음 볼 때는 그도 산이었다
큰 산이었다
가까이 오를 때 알았다

처음에는 장미였다
가시는 보이지 않았다
자세히 보니 가시가 무섭게 날을 세우고
구름이 낀 날이면 꼭꼭 찌른다

산은 변하지 않았다
장미도 변하지 않았다
변한 것은 시선의 변덕이었다
처음 사랑을 잃어버린 것이었다

강예리 '엘리스의시가있는정원' 대표, 시집 『단 하나의 꿈』 제19회 황진이문학상.

은자隱者의 노래 외 1편

나무는 가만히 있어도
바람에 흔들리고
새는 강과 멀리 있어도
비에 젖는구나

그림은 말을 못 하는데
백 가지 주석이 달리고
구름같이 떠도는 말을 통해서
사람들은 세상을 보네

사람들을 통해서 듣고 본 것이
전부가 아님을 아는데
그대는 얼마의 세월이 필요한지요

혹시 그대는
흔들리는 마음을 감추기 위해
허공에 흩어지는 말들을
믿고 싶은 것은 아닌지요

백담사의 가을

백담사에 가셨다 들었어요
단풍나무 숲에 둘러싸인 경내에서
모든 시름 내려놓고
마음의 평화를 찾으셨는지요

텅 빈 거리 빌딩 사이로
은행잎이 나비처럼 날고 있어요
어디론가 떠나고 싶어지는
가을이 깊어가네요

항상 가을이 문제예요.
생각이 깊어지게 만들거든요
하지만 걱정은 마세요
늘 그렇듯 그냥 가을을 타는 거예요

이른 아침 단풍이 휘황한 계곡엔
아직 안개의 자취가 남아있겠죠
산 능선을 따라
겨울이 조금씩 내려오고 있겠지요

隨筆

황혜경 홍재숙 차용국 정용규 정교현 장해익 이성림 이석곡 이명지 배병균 박진우 박은선
박용유 박길동 김영탁 김동출 고응남 고영문 김희재

황혜경 시인·수필가, 충북시인협회 회원, 여백문학회 회원, 시집 『삼백예순날 까칠한 여자』

휴대폰 연락처

　내 휴대폰 연락처엔 남편 첫째 둘째 셋째가 명품과학자 청주 맛쟁이 청주 멋쟁이 음악선생님으로 저장되어 있다. 연락처에 이름이 아니라 닉네임으로 저장했다. 장난스러움과 약간의 진지함도 배어있다. 장난스러움은 쏙 빼고 진지함으로 받아들여 처음에는 당혹스러웠다. 말한 책임감에 자연스럽게 대응했다. 시간이 갈수록 너무 크고 실현 가능성이 어려운 원대한 뜻을 야무지게 지나치게 담았다고 반성을 했다.

　남편과 셋째는 미래의 희망인 원대한 꿈을 담아서 지었다. 특히 남편은 노벨과학상을 꿈꾸는 '명품과학자'가 맘에 꽉 찬다고 작명이 좋다고 계속 칭찬을 한다. 점차로 쟁이 같은 마음으로 연구를 대하고 아들에게 연구 프로젝트를 잇게 해서 손자 대에는 노벨상을 후보에도 거론될 수 있는 기반을 만들고자 노력하는 진지한 삶으로 방향을 정했다.

　셋째 딸아이는 형편상 일찍 15개월에 어린이집에 등원해야 했다. 5세 무렵에는 집에 오면 의자를 놓고 설거지를 했다. 옷이 다 젖고 제법 야무지게 설거지가 아니라 놀이를 했다. 어린이집에 머무는 시간을 줄이고자 단점이 제일 낮아 보이는 음악교육으로 정하고 접근성이 좋은 피아노 학원에 등록했다. 성악도 같이 등록했다. 크게 바라는 것은 예나 지금이나 없고 단지 안전하게 지켜 주는 부분에 믿고 만족했다.

　고등학교 진학원서를 쓰면서 어쩌다 접한 피아노가 앞으로의 방향을 정해 예술고등학교에 진학했다. 음악학원에 그동안의 돌봄과 가르침에 감사한 마음과 고마움을 전화통화로 대신했다. 딸아이의 최종 꿈은 예술고등학교 교장으로 후배들의 가슴에 자부심으로 남는 것이다.

　첫째 아이는 유난히 아랫니가 막 나는 시기에 침이 하염없이 턱으로 강줄기를 이루었다. 목에 두른 손수건을 적시고 상의도 적시고 내 옷

수필

도 적셨다. 이가 날 무렵에는 침을 많이 흘리는가 보다 생각했다. 둘째와 셋째는 그렇지 않다는 것을 알고 첫째의 특징임을 알았다.

맛을 느끼는 미각이 발달하고 자연 먹는 것에 관심도 많고 먹을 욕심도 많았다. 고등학교 때부터는 가족들이 외식을 하게 되면 주문도 하고 고기도 제법 잘 구웠다. 맛있게 먹을 양과 조합을 잘 선택하여 주문했다. 그 이후 외식할 때 주문은 첫째가 도맡아 한다. '청주 맛쟁이'로 저장했다.

모든 것이 맛으로 이어진다. 맛은 멋이고 멋은 곧 아름다움을 추구하는 삶이다. 맛을 안다는 것은 참으로 멋있고 훌륭하다. 첫째 아이를 키우고는 일은 처음으로 대하는 일이고 미숙하고 시행착오도 많았다. 지금도 그렇다.

둘째는 아토피가 있어 아기 때와 군대 생활이 고생스러웠다. 그림을 잘 그려 학교에서 행사 때에 그림을 그려 내면 기특하게도 상을 받아 왔다. 전공을 미술이나 디자인 방향으로 하면 좋을 것 같았다. 먹고사는데 걱정이 덜한 공대에 진학했다. 옷에 관심이 많아서 용돈의 대부분을 옷 사는 데 사용한다. 가성비 좋은 옷을 사서 코디를 잘 해서 입는다.

첫째와 셋째는 둘째 옷과 가방을 수시로 무단 사용한다. 들킬까 봐 마음을 졸인다. 어느 날 물어보니 둘째는 무단 사용을 다 알고 있었다.

음악이 흐르는 소소한 삶과 맛과 멋을 아는 아이들은 아마도 근본적으로 자신들의 삶을 이롭게 살고 널리 청주를 이롭게 하리라.

홍재숙 소설가·수필가, 한국여성문학인회 이사, 송현수필문학상 외, 수필집 『꽃은 길을 불러모은다』 외.

개화산, 그 숭고한 6.25김포지구전투의 현장
- 호국충혼위령비

그 이름도 숭고하다. 서울 강서구 김포개화산지구전투 호국충혼위령비! 1950년 6월 26일, 한강을 사이에 두고 행주산성과 마주 보는 산인 개화산 골짜기에서 북한군과의 치열한 전투가 사흘간이나 벌어졌다. 북한군의 남침 다음날인 26일부터 30일까지 치러졌던 전쟁이다. 육군 제1사단 11,12,15연대 소속 장병들은 파죽지세로 밀고 들어오는 북한군을 저지하라는 명령을 받고 장렬하게 싸워 숭고한 목숨을 나라에 바쳤다. 1,100여 명이 전사하고 37명의 생존자만 살아남았다. 장병들의 영혼이 너울거리며 하늘로 날아오르는 장면을 목격한 그 날의 개화산 골짜기는, 오늘은 푸르른 신록으로 무성하게 자라서 역사를 껴안는다.

"임무를 완수하라." 육군 제1사단 장병들은 최후의 일각까지 북한군을 저지하라는 명령을 받았다. 6.25발발 다음날인 26일이었다. 전쟁준비를 철저히 하고 쳐들어온 북한군에 밀려 남쪽으로 퇴각하던 국군은 이미 김포비행장(김포공항)을 점령한 북한군과 마주친다. 나라의 운명이 일촉즉발의 위기상황 속에서 육군 제1사단 장병들은 새로운 임무를 하달받는다. 서울 시민이 안전하게 피난할 수 있는 퇴로와 김포비행장 사수, 아군의 방어선을 구축하라는 명령이었다.

개화산에 죽음을 각오하고 최후의 방어진을 친 1,100여 명의 장병들은 가족에게 보낼 최후의 편지를 개화산 골짜기에 풀어놓았다. 장병들의 사연을 읽은 개화산은 눈물을 흘리며 흐느끼는 바람에게, 풀죽은 햇살에게 소식을 전하라 했다. 장병들은 아군으로 위장복을 입은 북한군 대병력의 공격에 맞서 장렬하게 전투를 벌였다. 비록 본부와 연락이 끊기고 탄약과 물자보급이 끊겨져도 나라를 지켜야 한다는

수필

절박한 마음으로 전투를 치렀다. 곁에서 총탄을 맞고 전우가 쓰러져도 이 악물고 싸웠다. 3일, 72시간 동안의 전쟁이었다.

살아남은 노병老兵은 증언한다. "한밤중에 벌어진 싸움이었고 생사의 경계에서 벌어진 참혹한 전쟁이었다." 개화산 전투에서 스러진 전우를 그리며 눈시울을 붉힌다. 전쟁의 와중에서 삶과 죽음은 종이 한 장 차이이다. 전투의 격랑 속에서 적의 가슴에 총부리를 겨누는 엄청난 공포가 들이닥친다. 죽고 사는 절박한 찰나에 오로지 나라를 구해야 한다는 의로운 기상으로 총을 잡았다. 생과 사가 엇갈리는 절체절명의 순간에 1,100여 명의 용사들은 소중히 받들어온 이승과 의연하게 작별을 했다. 개화산 산신령도 속울음을 삼키고 이들을 맞이하며 하늘에게 빌었다. 아직도 여전히 유해를 찾지 못한 병사들의 넋을 달래주고 있다.

호국충혼위령비는 개화산 정상에서 미타사로 향하는 자락길 산책로를 걷다보면 만난다. 대한불교조계종 사찰 미타사彌陀寺 바로 위에 호국공원이 조성되어 있다. 미타사도 6.25전쟁의 상흔을 안고 있는 비운의 사찰이다. 고려 후기 때 웅장하게 지어졌으나, 인천상륙작전시 적의 진지를 파괴시키는 함포에 맞아 불에 전소되었다. 지금의 미타사는 1924년에 토착 주민 권 씨(미타사 불교신도)의 도움으로 아담하게 지어진 절이다. 미타사 절 마당을 지나면 추모공간이 우리를 부른다.

위령비 앞에 서면 저절로 숙연해진다. 조국과 민족을 위해 목숨을 바친 육군 장병들을 기리는 위령비와 마주하면 마음에서 비가 내린다. '모두 그대들 덕분입니다. 우리가 누리고 있는 이 모든 것들이 다 그대들의 헌신과 용기 그리고 불타는 나라 사랑 정신 덕분입니다.' 조의문도 읊어진다. 장병들의 거룩한 호국 헌신으로 전쟁에서 이겼고, 우리는 자랑스러운 대한민국을 이룩하였다.

개화산 호국공원은 1994년 3월에 육군 제1보병사단의 전사자 1,100여 명, 김포지구전투사령부 예하 부대 무명용사의 넋을 기리기 위해 건립되었다. 비의 높이는 4.7m이고 건립주체자는 육군 제1사단과 미타사이다. 2017년 12월에는 전사자명각비와 추모의 벽, 기념조형물을 제작하여 호국영령들의 숭고한 희생을 추모하는 공간으로 만들었다. 매년 6월 28일에는 개화산 전투전사자 추모사업회, 서울지방보훈청, 육군 제1보병사단전진부대, 서울시 강서구, 전사자 가족과 영웅들을 기리는 사람들이 모여 위령제를 지내고 있다.

전사자명각비에는 1,100여 명의 호국순국용사의 이름이 빼곡하게 적혀있다. 전국 각지에서 입대한 푸르른 청년들의 이름이 '강원도 강릉 김인석, 최찬계' 이름을 선두로 각 도, 각 고장별로 적혀있어 마음이 에인다. "아버지, 어머니 다녀오겠습니다." "충성!" 경례를 하고 씩씩하게 군대로 향했을 기백이 명각비에서 꿈틀거린다. 전사통지서를 받고 주저앉아 울었을 부모들의 눈물도 함께 어린다. 조국의 운명을 양어깨에 얹고 전투에 임했을 그들의 결기가 명각비 이름에 묵직하게 얹혀있다.

6.25참전유공자 명각비 이름 안에 92세로 생을 마친 시아버지의 이름도 있다. '상사 조건행'. 아버님의 이름에서 젊은 청년이 걸어 나온다. 21살에 공군 5기생으로 입대해서 상사 계급으로 복무하던 24살 초여름에, 6.25전쟁이 일어나자 곧바로 전쟁터로 달려갔다. 온 국토가 전쟁터로 변해서 초토화되었던 그 참혹했던 시절에 아버님은 가족들과 짧은 이별을 뒤로하고 화약냄새 가득한 전쟁터로 떠났다. 아내와 4살 아들, 부모님과 동생들을 눈에 담고 군대로 향했다. 생사를 가늠할 수 없는 포화 속에서 적군과 싸우다가 1950년 가을, 아버님의 부대는 38도선을 돌파하여 평양 미림비행장까지 행군을 했다.

전쟁이 끝나자 집에 돌아와서는 한 집안의 고단한 장남으로 가족을 위해 당신의 삶을 다 바쳤다. 공무원 정년퇴임 후에는 대한민국 6.25참전용사회, 대한민국 무공수훈자회 회원, 대한노인회 강서지부 부회장으로 분단된 우리 민족의 엄중한 숙제인 통일을 위해 활발하게 봉사를 했다

김포개화산지구전투는 잊혀진 전투가 아니다. 육군 제1보병사단

수필

1,100여 명의 혼백이 잠들어 있는 성지이다. 우리 후손들은 잊지 말아야 한다. 개화산 자락길을 오르면 호국공원에 들러서 호국충혼위령비 앞에 경건하게 옷깃을 여미자.

차용국 한국신문예문학회, 한국가곡작사가협회, 한국문협 회원, 남명문학상 외, 시집 『사랑만은 제자리』 외.

신통력은 멈춤이 없다
― 마포, 난지도, 하늘공원

 한강 둔치에 능수버들 새순이 피면, 나는 겨우내 녹슨 내 구형자전거를 꺼내 한강을 달린다. 행주나루터를 출발한 내 자전거가 가양대교를 지나 마포나루터를 향해 하류의 강을 거슬러 저어갈 때, 잘 정비된 한강 둔치의 도보와 자전거길 양옆으로 오래전에 심은 벚나무가 이제 청년기에 들어섰다며, 제법 의젓한 풍채로 가지마다 꽃망울을 드러내서, 토박이 버드나무 새순과 어울려 화사한 봄날의 축제를 예비한다. 수변 공원에 조성한 크고 작은 꽃밭마다 꽃을 심는 사람들의 손길은 바쁘고, 나무데크로 길을 낸 초지와 습지에서 갈대와 억새의 푸른 줄기는 초록의 기지개를 켜면서 솟아오른다.
 봄날에 한강의 물결은 순해서 가지런한 수로를 따라 다만 물비늘을 일으키며 환하게 흐르고, 자유로를 건너 월드컵공원에 들어서면 자유로 길가를 따라 두 줄로 나란히 심은 메타세콰이어 나무에도 연초록 새순은 피어 둘이 걷기에 딱 좋은 숲길을 연다.
 가을날 강물에 비친 한강의 풍경은 단풍을 닮아서, 올곧게 하늘로 치솟은 키 큰 메타세콰이어 나무는 꼭대기까지 온통 붉은 단풍으로 타오른다. 메타세콰이어 단풍은 한 그루의 나무 전체가 하나의 커다란 횃불처럼 붉게 치솟은 모양이어서, 사람들은 '불타는' 나무라고 부른다. 가을날 등이 시린 바람이 불 때쯤 '불타는' 나무가 불을 피우면, 연인들은 '불타는' 나무 아래에서 '불타는' 키스를 한다. 메타세콰이어 잎이 '불타고' 사랑이 '불타는' 길은 길고 멀어서 불이 꺼지고 사랑이 꺼질 걱정이 없다. 둘이 걷기에 딱 좋은 '불타는' 숲길이다.
 모든 길은 서울을 향해 있었으나 길 다운 길이 제대로 없었던 옛 시절에 사람들은 하류의 강에 배를 띄우고 서울을 왕래했다. 마포나루

수필

는 서울로 통하는 물길의 관문關門과 같아서 사람들과 가축들과 어패류와 채소류와 곡식류 등등이 얽히고설켜서 번잡했고, 온갖 냄새로 절여있었다. 옛 도성 사람들은 "아침에 도성 안으로 들어오는 새까만 사람은 보나 마나 마포 새우젓 장수다"라고 말했다. 아침에 마포에서 새우젓을 팔러 도성에 오려면 햇볕을 정면으로 받아야 했기에 얼굴이 새까맣게 타서 금방 알아볼 수 있다는 것을 빗대 하는 말이었다.

글을 좀 아는 사람들이 '마포 8경'이라 하여 강변의 절경을 즐기고 시문을 짓기도 했다지만, 실제 마포의 민중이 살아가는 삶의 풍경은 목가적인 서정과는 거리가 멀어 보인다. 130년(1894) 전 조선을 방문한 영국의 이사벨라 비숍은 제물포에서 배를 타고 하류의 강을 거슬러 올라와 마포나루에서 내려 서울을 방문했다. 파란 눈의 서양 여성의 눈에 비친 마포는 끔찍했다.

그녀는 "대도시인 수도가 이토록 불결하다는 것을 도무지 믿을 수 없다"라고 말했다. "비틀어진 소로小路의 대부분은 짐 실은 두 마리 소가 지나갈 수 없을 만큼 좁으며, 한 사람이 짐을 실은 황소를 겨우 끌고 갈 수 있을 정도의 너비이다. 그 길은 그나마 물구덩이와 초록색의 오수가 흐르는 하수도로 인해서 더욱 좁아진다. 하수도에는 각 가정에서 버린 고체와 액체의 오물로 가득 차 있으며 그들의 불결함과 악취 나는 하수도는 반나체 어린애들과 피부병이 오른 채 눈이 반쯤은 감긴 큰 개들의 놀이터가 되고 있다. 그들은 햇살에 눈을 껌뻑거리며 이 하수도에서 뒹굴고 있다"라고 썼다.

사벨라 비숍이 서울을 방문했을 때만 해도 마포나루를 지나 하류로 흐르는 강은 무질서했다. 물살에 쓸려온 모래가 하류의 강에 사구와 섬을 만들었고, 물길은 난해한 손금처럼 크고 작은 수로를 바꿔가며 흘렀다. 강둑은 허약해서 제대로 물막이 역할을 할 수 없었다. 하류의 강변은 드넓은 습지이면서 아슬아슬한 농토이기도 했다. 사실 마포 일대의 강변에 제대로 된 강둑을 쌓은 건 1925년 을축년 대홍수를 겪고 난 이후부터다.

내가 지금 올라가는 하늘공원 주변은 예전에 섬이었다. 마포와 고양 사이에 자리 잡은 섬이었다. 한강이 마포나루를 빠져나오면서 물길 하나를 더 텄는데, 그 샛강은 망원정에서 한강 본류와 갈라졌다가 행주산성 부근에서 다시 한강 본류와 합수했다. 사람들은 그 갈라진 물길을 난지 샛강이라 불렀고, 그렇게 만들어진 섬을 난지도蘭芝島라 불렀다. 난초蘭草와 지초芝草가 피는 섬이라는 뜻이다. 난지蘭芝가 피고 지는 섬에는 수많은 철새들이 날아왔다. 새들은 한강의 물길을 따라 서울의 선유도와 밤섬과 여의도와 노들섬을 오가고, 고양의 행주나루와 장항습지에 펼쳐진 행호(杏湖, 이곳의 한강이 호수처럼 넓어서 부르는 별칭)를 비행했다. 난지도는 꽃과 새의 낙원이었다.

서울의 발전과 확장은 꽃과 새에게는 수난受難이었다. 난지도는 1978년 서울의 쓰레기 매립장이 되었다. 매일 밀려들어 오는 쓰레기에서 쏟아내는 악취와 메탄가스가 진동했고, 먼지와 파리와 모기가 들끓었고, 지하수는 오염되었다. 난지는 꽃을 피우지 못했고, 새들도 고개를 돌려 외면하는 불모의 땅이 되어버렸다. 그렇게 무자비한 15년의 폭력에 학대받으며 난지도는 해발 98미터의 쓰레기 산이 되었다. 약 1억 4천만 톤의 쓰레기가 만든 산이었다. 세계에서 가장 높은 쓰레기 산이었다.

1993년, 난지도 쓰레기 매립장은 중단되었다. 쓰레기 산에 더 이상 쓰레기가 들어오지 않자 풀씨가 날아오고 나무가 자랐다. 쓰레기 산은 서서히 초록의 숲을 덮고 안정을 찾아갔다. 1996년부터 추진한 안정화 사업도 한몫 거들었다. 더하여 2002년 서울 월드컵 축구경기장이 상암동으로 결정됨에 따라 2000년 11월부터 공원을 조성하기 시작했다.

마침내 공원 조성 사업은 2002년 5월에 완료되었고, 공원 전체를 '월드컵공원'이라 이름 지으면서, 네 개의 구역으로 나누어 그 특징에 따라 '평화의 공원', '하늘공원', '노을공원', '난지천공원'으로 명명命名했다.

수필

 그렇게 인간이 파괴하고 인간에게 버림받은 난지도에 자연의 순리가 다시 흐르기 시작한 지 30년, 자연은 놀라운 자정력과 복원력을 발휘하여 인간이 생각했던 것보다도 더 빠르게 초원과 숲을 부활시키고 사람을 부른다. 이제 난지도 쓰레기더미를 쓰레기 산이라 부르는 사람은 없다. 해발 98미터의 시민 친화적인 초원의 숲이다. 월드컵 축구 경기장의 어엿한 배산背山으로 2002년 월드컵 축구 축제를 추억하는 산이다.
 하늘공원은 월드컵공원의 네 개 공원 중에서 가장 높다. 하늘과 가까운 공원이란 뜻으로 지은 이름이다. 척박한 쓰레기 땅에 지대가 높아 건조하니 이러한 환경에 잘 자라는 억새와 갈대로 초원을 조성했다. 그래서 하늘공원 정상의 평원은 온통 억새의 물결이다. 그 출렁이는 소리는 탁 트인 시야를 타고 북한산, 북악산, 안산, 남산, 관악산에 이르고, 막힘없는 시계視界는 하류의 강을 따라 아득히 흘러간다.
 가을이면 하얀 억새 초원은 온갖 축제가 열린다. 음악회가 열리고, 사진 동호회 사람들은 수려한 초원과 먼 북한산 준봉과 한강의 풍경을 카메라에 담기 바쁘고, 문인들은 시화를 세워 놓는다. 이제 하늘공원과 난지도 쓰레기 매립장을 연관시켜서 생각하기란 어울리지 않는 비유처럼 보인다.
 청년기에 들어선 하늘공원은 새로운 낙원을 예비한다. 억새 초원에 꽃이 늘어나고 있다. 자연에서 날아온 꽃씨와 사람이 심은 꽃들이다. 이제 하늘정원에 장미가 피고 작약도 피고 찔레꽃도 피고 이름 모를 꽃도 핀다. 꽃은 시원始原의 사랑으로 거듭제곱으로 피어서 영역을 확장한다. 머잖아 지금의 억새 독점 정원은 꽃의 정원으로 탈바꿈할 것이다. 자연의 신통력을 사람이 다 알 수야 없지만, 우리가 힘을, 아니 사랑을 조금 더 보태주면 자연의 신통력은 흥이나 신을 보태서 가속 페달을 밟으며 변신을 거듭한다. 쓰레기를 품고 보듬어 꽃을 피워내는 자연의 신통력은 위대하다.
 벚꽃이 지고 아카시아꽃이 떨어지면 산딸나무에 하얀 나비가 떼로 날아온다. 하얀 나비 떼는 곧 하얀 억새의 세상으로 날아갈 것이다. 내 구형자전거도 페달을 돌려 신통한 억새의 세상으로 간다. 신통력은 멈춤이 없다.

수필

정용규 서울대 농경제학과졸업, 건국대학교겸임교수, 한국시인협회 회원 외, 시집 『촛불』 외

선무당의 명상풍월

옛말에 서당 개 3년이면 풍월도 읊는다고 하였다. 항차 사람의 탈을 쓰고 태어나서 명상수련 5년 넘게 했으니 서투른 풍월 한 번 읊어 봐도 큰 허물은 안 될 듯싶다.

사실 저는 우연한 기회에 명상수련을 접하게 되었고, 수련과정에 머리에서 오는 진통을 체험하였다. 공직생활을 마치고 무료함을 달래기 위해 매주 두 번 정도 관악산 등반을 정례적으로 실행하던 중 한 날 한 동행자로부터 명상수련 권유를 받고 시작했는데, 약 6개월 정도 지난 뒤부터 머리에서 오는 진통을 느끼게 되었고, 이를 그분께 말씀드린바, 상기 현상으로 그럴 수도 있으니 수련을 그만두는 게 좋겠다는 조언을 받고 수련을 멈췄었다. 비록 수련을 멈추었지만 마음 한 구석에 늘 의구심이 남아있었다. 그러던 중 2016년 한 신문을 통하여 강원도 태백시에서 '세계명상대전'이 3박 4일 일정으로 개최된다는 광고를 보았다. 아무런 주저 없이 참가를 결심하고 수속을 밟아 등록했었다. 다행스럽게도 본 대전은 매우 성공리에 개최되었다. 주관은 참불선원장 각산 스님께서 맡아 하셨고, 여러 나라에서 오신 아주 저명하신 여러분 스님들께서 참가하셔서 법문을 주셨다. 즉 우리나라에선 혜국스님께서 참선에 대한 법문을 주셨고, 호주에서 오신 아쟌 브람스님, 태국에서 오신 아쟌 간하스님, 그리고 대만에서 오신 신도 스님께서 각기 자기나라 현장에서 수행하고 있는 명상수련을 소개 하면서 아울러 법문도 주셨다. 물론 대전 진행과정에는 질의응답 및 토의시간도 마련되어 있었다. 저는 질의시간에 저의 궁금 사항에 대한 질문을 드려 아쟌 브람 스님으로부터 '머리에 진통이 왔다가 명상을 계속하는 동안 좀 덜해지면 계속해도 좋다'는 답변을 듣고 기쁨을 감출 수 없었다. 그

후론 참불선원에 매주 한 번씩 1년 동안 다니면서 명상수업을 받고 수련도 했지만 머리 진통에 대한 궁금증에 대해서는 어떤 단서도 잡을 수 없었다. 그래서 집에서 가까운 국제선원으로 옮겨 약 반년 동안 명상(마인드 풀 중심)을 수련하였다. 때마침 기간 중 불교대학이 개강되어 차제에 불교대학도 수료할 수 있었다. 그 후 조계사 선림원으로 옮겨 제12기생으로 등록해서 수업도 받고, 매주 1회씩 자율선원에 나가면서 줄곧 수행을 계속했지만, 궁금증은 여전하였다. 그 외에도 불교방송국이나 동국대학교 등에서 개최되는 각종 명상프로그램에 참가하여 수련을 받고 수행도 계속했지만 궁금증은 여전히 풀리지 않았다. 그럼에도 불구하고 이쯤 되니 명상에 대한 여러 경로의 이론적 접근에 대한 이해의 폭을 상당히 넓힐 수 있게 되었다. 즉 명상철학에 대한 풍월도 어렴풋이나마 읊어 볼 수 있게 되었다. 해서 이를 간략히 소개해 드려 보고자 한다.

첫째로, 불교도적 입장에 접근해 읊어 보면, 모든 생명체는 천부적으로 불성을 타고 나는데, 탐.진.치라는 삼독과 그로 인한 번뇌 망상으로 마치 거울에 때가 끼고 먼지가 앉아 가려지듯 불성이 가려지는 바, 명상수련을 통하여 이를 깨끗이 지우고 청결한 마음으로 '이뭣고'라는 화두 일념에 집중하여 견성 해탈로 성불에 이르는 수행이 명상(참선)이라고 생각 된다. 한편 최근 서양에서 붐을 이루고 있는 명상(마인드 풀 중심)은 최신 과학이나 심리학 또는 뇌 과학적 접근을 통하여 설명되고 있는바, 이런 견지에서의 설명도 가능함을 보게 된다. 이를 조금 자세히 구분해서 나누어 설명 드리고자 한다.

둘째로, 최신 과학 분야인 양자물리학적 입장에서 접근해 보면, 최초로 우주가 빅뱅 할 때부터 우주는 생명 에너지(양자 '파동 또는 입자')로 충만 되어 있으며, 또한 모든 생명체들은 신身과 심心의 구조로 이루어지게 된다. 그런데 생물체들은 호흡 활동 등을 통하여 그들의 심과 양자 (파동 또는 입자)를 연결시켜 부단히 우주의 생명 에너지를 받아들이게 된다. 헌데 스트레스로 시달림을 받거나 각종 번뇌 망상

수필

으로 심(마음)에 벽이 만들어지면 양자간兩者間의 소통이 제약받게 된다. 그래서 스트레스를 덜고 번뇌 망상을 지우는 명상을 통하여 마음의 청정淸靜을 취하면 생명 에너지를 원활히 공급받을 수 있어 문제해결에 도움 되는 것이다.

셋째로, 심리학적 접근에서는 모든 심신의 이상은 마음의 불안정에서 야기되는바, 명상수련을 통하여 불안요인을 제거하고 안정을 취하면 심신이 평정을 이루게 되고 나아가 삼매에 들게 된다. 그런데 최근 실험심리학 분야에서 우리 인간들에게 전생이 있음을 밝혀냈다고 전해지고 있다. 그렇다면 최첨단심리학은 불교 교리인 윤회설을 입증한 게 된다. 이 단계에 이르면 심리학적 접근은 바로 불교적 접근과 함께하게 된다. 매우 흥미진진한 학문적 성취인 것이다. 불교학의 한 분야인 유식 학에서는 5감각 기관(이.비.설.안.신)과 동열에서 이들을 총괄하는 의식을 제6식이라 하고, 프로이드의 잠재의식을 제7식, 그리고 칼융의 무의식을 제8식 또는 아레야식 이라고 한다. 이때 이 아레야식은 업業의 종자를 간직하고 있다가 후생에 업보를 그대로 전하게 된다고 한다. 그런데 명상수련으로 견성 즉 득도 해탈을 이루게 되면 아레야식 으로부터 벗어나 자유자재를 누리게 되는 것이다.

끝으로, 뇌과학적 접근에서 보면, 우리 인간들이 천부 받은 뇌의 성능이 100이라면 일평생을 살면서 활용하는 성능은 평균적으로 그의 20% 수준에 불과하다고 알려져 있다. 그래서 명상수련을 통하여 지혜를 계발시켜서 득도에 달하면 이를 100분 즉 도사수준으로 향상시키게 되는 것이다.

헌데 정작 명상冥想은 불입문자不立文字로 돈오頓悟를 방편方便으로 하는 실천적實踐的 수행修行을 본本으로 한다. 따라서 이론적 접근은 사실상 큰 의미가 없는 것이다.

여기서 본인의 경험을 간략히 소개코자 한다.

처음 명상을 시작할 즈음에는 권유자의 지도에 따라 평평한 땅바닥이나 바위 위에 맨발로 서서 전신에 힘을 뺀 다음, 어린 시절부터 점점 자라는 과정에서 마음에 맺혀있던 매듭들을 하나씩 상기하면서 그 원인과 그로 인해 맺혔던 매듭을 하나씩 풀어나가면서 마음을 정화하는 방식을 택하였다. 사실 그 당시에는 마음이 몹시 상했고 상처도 컸었지만 지금 생각해보면 아주 경미한 아무것도 아니라는 사실을 깨달으면서 매듭들을 하나씩 풀어나갔다. 약 3개월 계속했더니 마음이 많이 맑아졌지만 매듭을 더듬어 찾는 과정에 신경이 쓰이면서 오히려 명상에 방해가 됨을 어렴풋이 느끼게 되었다. 그래서 그 후부터는 반가부좌를 취하는 자세에서 호흡 알아차림 명상을 계속했다. 사람들은 살아있는 한 누구나 호흡을 계속하는바 명상 중에도 호흡을 계속 하게 된다. 그래서 숨을 들이마실 때는 들이쉰다고 알아차리고 내쉴 때는 내쉰다고 알아차리는 방식으로 숨 알아차림 일념(一念)으로 명상을 계속했다. 그런데 때론 잡념이 떠오르기도 하는 바, 이때 잡념을 애써 지우려 하지 말고 이 또한 알아차림으로 '아 잡념이 떠오르는구나'하고 알아차리면서 호흡명상으로 바로 돌아가야 하는 것이다. 그런데 가끔씩 잠 또는 혼침에 빠지는 경우가 있어서 이때도 바로 알아차리고 호흡명상으로 곧장 돌아가도록 해야 된다. 그런데 깜박 잠에 빠지는 것은 순간적이라 실행이 어려울 때가 종종 있었다. 그래서 최종적으로는 호흡명상을 하다가 숨 알아차리기에서 염불로 이어가는 방식을 택하고 있다.

이상으로 부족하지만 필자의 명상과정 설명을 마칠까 한다. 결론적으로, 화두나 숨(호흡) 알아차림이나 염불이나가 다들 한 가지 일념에 집중함으로써 일체 잡념 즉 번뇌 망상을 제거한 청정한 마음을 이루게 하는 게 아닐까 싶다. 그러다가 한 가지 일념마저 지우고 무사무념의 경지에 들 때 비로소 소우주인 나 소아가 대우주인 대아와 합치를 이루는 최종 목표에 도달되는 게 아닐까 싶다.

요즈음 조계종 총무원장 진우 큰 스님께서 선명상의 실행을 크게 강조하고 계신다.

특히 현대문명의 발달로 긴장이 고조되는 시대적 조류 속에서 정신

수필

적 이완안정이 필요한데 명상이 큰 도움이 될 수 있을 것이다. 특히 여의도에 모여 계시는 우리나라 정치지도자들 명상에 입문 실천하셔서 본성을 깨우치는 데까지는 못 미치더라도 정치지도자 마음의 본령인 애민애족, 국리민복까지라도 깨달아 만백성들의 조소를 자아내는 촌극들은 이제 그만 보게 되기를 간절히 바라면서 풍월을 끝맺을까 한다.

정교현 한국문협 양천지회 회원, 현대시인협회, 신문예문학회, 재경문학회 상무이사.

산과 맺은 나의 소중한 인연

산은 나의 어머니와 같은 존재다. 은혜스럽기도 하고 외경畏敬 그 자체다. 나는 산골에서 태어나 10여 년을 산촌에서 살았던 게 첫 번째 인연이다. 어릴 적에는 6.25 전쟁을 치른 때인지라 뒷동산에서 병정놀음도 하고 때로는 큰 산에 나무하러 가는 형들을 따라 산에 가기도 하고, 해방 직후 초근목피로 연명할 때 어린 소년 시절에 어머니 따라 마을 사람들과 깊은 산중에 들어가 취나물, 고사리 등 산나물을 채취하는 대열에 따라다닌 기억이 떠오른다.

초등학교에 다닐 무렵에는 2km 원격지에 있는 학교에 고개를 넘어 산길을 따라 등교했다. 그리고 타지에 여행이라도 할라치면 사촌 형제들과 숙의하여, 방학 기간을 이용하여, 서로 상대 형제의 외가外家나 매형댁 아니면 고모님 댁에 교차 순방을 하는 것으로 여행 욕구를 채우기도 했다. 당시는 교통수단이 열악한지라 약 10km 정도의 재를 넘어 다니곤 했다.

이같이 산촌에서 청소년 시절을 보내서인지, 음식 중에서 먼저 손길이 가는 곳은 육류나 해물보다도 취나물, 머위, 고사리 등 산나물 류가 입맛에 먼저 당긴다. 그리고 80년도 초부터 40여 년을 무탈하게 산에 다닐 수 있는 것도 어릴 적에 다져진 기초 체력 덕분이 아닌가 싶다. 성격 면에서 볼 때도 사방이 산세에 둘러싸인 환경 속에서 청소년기를 보내 그런지 보수적인 색채가 더한 느낌이다. 사방이 확 터진 지형에서 성장한 사람들과 성격을 비교해 보면 나 스스로 그렇게 느낄 때가 종종 있다.

세계 최초로 8천 미터 16좌를 완등한 산악인 엄홍길 대장은, 소년 시절 부모가 도봉산 자락에 거처를 두고 생활하는 바람에 자연스레

수필

산을 오르내리게 되어 기초 체력이 다져지게 되고, 산타기 생활에 면역 체계가 생기지 않았나 싶다. 또, 키 147cm에 51kg의 왜소한 체구인 김순식 여사는 6~70대에 킬리만자로, 산티아고 순례길 등 세계적 3천 미터 이상 트레킹 코스를 누볐는데, 이러한 힘의 원천은 어릴 적 어머니랑 이산 저산을 다니며 나무를 하면서 산행 요령을 배운 덕택이라고 한다. 어머니가 산행의 스승이라고 말한다.

자녀들을 산악인으로 키우려 하는 것은 아니지만, 나의 경우도 남녀 관계없이 자녀들과 초 중등학교 다닐 때까지는 직장 산악회나 친목 산우회 산행에 동반 산행을 자주 했다. 태백산, 운악산 등 겨울 산행을 위시하여 소백산, 치악산, 소요산, 북한산 등 많은 산행 체험을 시켰다. 산행을 하면서 인내심을 기르고 겸손함을 배우며 무엇보다 자연과 더불어 운동함으로써 건강하고 강인한 인성을 기를 수 있기 때문이다.

나는 초등학교 4학년 되던 해부터는 도회 생활을 하면서 산과 접할 기회가 적었는데, 직장 생활을 해오던 중 80년대 초에 경제기획원 산악회를 따라 3박 4일 지리산 종주 산행을 하게 된 게 본격적인 산행을 하게 된 계기가 되었다. 당시는 등산 장비도 열악해 등산화를 위시해 등산 장비 대부분을 군수물자를 이용했다.

산행 첫날 자정 무렵 야간열차에 몸을 싣고 새벽이 될 즈음 구례구역에 도착하여, 해장국으로 식사를 마치고, 화엄사를 지나 노고단 계단을 숨 가쁘게 올라가 정상에서 점심식사를 하였다. 당시에는 버너, 콕헬은 기본이고 쌀, 김치, 찌개거리 반찬 등 무거운 짐을 힘겹게 짊어지고 다녀야 했다. 초가을 날씨인데 비가 내려 판초 우의를 둘러쓰고 묵묵히 걸어 악전고투 끝에 뱀사골 산장에 도착했다. 저녁 식사를 마치고 나서, 무거운 짐에 짓눌려 어깨가 욱신거려서, 가지고 간 안티푸라민으로 어깨와 등을 문지르고 나서야 겨우 잠이 들어 아침에 일어나 보니 그런대로 견딜 만했다. 첫날 산행하고 나서 힘에 겨워 일행 중 한 분이 뱀사골에서 중도에 하산 한 분도 있었다. 심기일전하여 다음 날 이를 악물고 세석산장에 당도하여 숙박하고, 그다음 날 우리의 목표 지점인 천왕봉을 정복하고, 그 날은 여유롭게 장터목 산장에서 숙박하고 다음 날 일찍이 백무동 계곡을 통해 하산하였다. 군 생활을 전방에서 할 때 산을 타는 것 말고는, 높은 산을 다닌 경험이 없던 차에, 힘겨운 산행을 한 것은 처음이어서, 매우 버거운 산행으로 기억된다. 이는 나와 산이 맺은 첫 인연이라 볼 수 있다. 산고産苦처럼이나 힘들었던 지리산 종주 산행 이후에 설악산 무박 산행, 한라산 등반, 지리산 칠선계곡 겨울 산행 등 수 많은 산행을 했지만 별 두려움 없이 정상을 놓치는 법 없이 다닐 수 있었다.

산에 다니면서 사전에 특별히 준비운동을 하거나 예방조치 없이 다니곤 했는데, 40여 년 산행경력 중 딱 한 번 낙오한 경험이 있다. 90년 중반 무렵 한국소비자원 직장 산악 팀과 함께 강진 월출산을 갔을 때 이변을 당한 것이다. 바위산이기는 해도 별 무리 없이 8부 능선까지 잘 올라갔는데 갑자기 무릎에 경련이 나서 쉽사리 안정되지를 않았다. 주무르고 응급처치를 했는데도 계속 통증이 있어 부축을 받고 정상까지 가까스로 오른 적이 있다. 하산 길에는 백련사까지 자력으로 내려갔지만 일생일대 오점을 남긴 셈이다. 그 이후로는 어려운 산행을 할 때는 근육 이완제인 맨소래담을 바르거나 소지하고 다닌다.

산행과 관련된 또 하나의 일화를 소개하고자 한다. 90년 중반경에 산행은 아니지만, 해인사 경내 언덕배기에서 거꾸로 뒹구는 바람에 목뼈, 척추에 큰 손상을 입은 적이 있었다. 언덕 위에서 아래쪽으로 소지품이 떨어져 그 물건을 집으려고 머리를 숙이는 순간 중심을 잃어 4~5미터 되는 언덕 아래로 머리를 축으로 하여 두세 바퀴 회전하는 낙상 사고를 당한 것이다. 그 후 목욕 뜸질을 하고 파스를 부치고 응급처치를 해도 효과가 없었다. 하는 수 없이 골절 치료사를 찾아가 뼈 뚤어진 얼굴을 바로 맞추고, 굽어진 등뼈를 단련된 주먹으로 우두둑 소리가 나도록 주무르는 등 진료를 받고 나서 일상생활을 할 수 있었다. 그 후 몇 달이 지난 뒤에 척추 등이 시큰거리는 등 재발 기미를 보였다. 그러던 중 산악회에서 포천 백운산과 광덕산을 이어 가는 겨울

수필

산행을 하게 되었다. 이때다 싶어 눈 덮인 산을 나뭇가지, 풀섶 등을 움켜잡고 진땀이 나도록 온몸을 움직여 대 여섯 시간을 힘겹게 산행을 하고 나서, 산 아래 계곡에서 영하의 강추위를 무릅쓰고 웃통을 벗고 상체와 머리를 감고 나니 온몸에 더운 기운이 뻗치고 혈액 순환이 되어 따스한 기운이 온몸을 감도는 체험을 하였다.

이후 몸은 정상을 찾게 되었고, 간혹 허리 등 몸이 뻐근하고 협착증세가 보일 때는, 산을 찾아 뻑적지근하도록 운동을 하거나, 스키 장갑을 끼고 은행나무에 어깨, 등, 배, 손뼉 및 주먹 등을 1시간 정도 단련하고 나면 몸이 개운해짐을 느낀다.

산과 맺은 인연을 들자면, 산행으로 인해 문학과 인연을 맺게 되었고 또, 문학을 하던 중 산 친구를 얻게 되니 나에게는 행운이 아닐 수 없다. 금상첨화로 문화 예술인들과 어울려 여행도 다니게 되니 노후가 외롭지 않고 건강에도 도움이 되어 좋다.

지난 60대 후반에 지리산 등반을 하고 산행기를 쓴 것이 계기가 되어 문단에 등단을 하게 되었고, 문단 생활을 하다 보니 문인들 산우회에 가입하여 매주 산행하게 되고 또, 한편 전직 동우회 산악회 서너 군데 참여하다 보니 1주에 두 번은 산에 다니는 꼴이 된다. 산에 다니면서 수필과 시도 쓰게 되니 인생의 풍요로움을 느끼게 된다.

근자에는 맨발로 걷기가 유행병처럼 번져 인기가 높아 이에 동참하고 있다. 자연 친화적으로 사는 것이 노후의 건강 지킴이가 된다고 확신하면서 이 지면을 통하여 자작 시詩 한편 올려드리고, 백 살까지 두 발로 산에 오르자는 뜻을 담아 "백두산" 하면서 이 글을 마칩니다.

    산이 좋아 꽃이 좋아

    산에 가면 산유화
    뒷동산엔 들꽃 한 송이

산이 좋아 산에 오르고
산 친구와 정상주 한잔에
시와 노래가 흐르고

뒷동산에 내려와
들꽃잎 띄운 들쭉술 한잔
이 몸을 기다리네.

수필

장해익 시인·수필가, 월파문학상제정, 한국신문예문학회 명예회장, 저서 『백원짜리 인생』 외.

한민족의 자랑을 이끈 우리 선조들의 유아교육

　우리 한민족 개개인을 살펴보면 명석한 두뇌, 뛰어난 손재주, 순박한 성품, 근면 성실성 등이 자랑스럽고 우리말과 우리글을 가진 세계 유일 민족이란 게 자랑스럽다.
　의식주 생활에 있어서도 한복의 전통성과 김치, 된장 등 조화로운 발효음식 그리고 우리나라만이 가진 방바닥 온돌 구들장 문화는 전 세계 어디를 보아도 우리 민족밖에 없다.
　공동체적 삶에서도 품앗이, 두레, 향약 등 탁월한 상부상조의 협동정신과 위기극복에 강한 단결력을 들 수 있다. 뿐만 아니라 조상숭배와 효 문화 계승과 더불어 선비정신의 유지는 세계에 자랑할 만하고 더구나 농악과 전통 국악 등 독창적 문화는 흥이 많은 문화민족으로서 오늘날 세계적 한류열풍이 이는 것이 우연이 아님이 실감하게 된다. 그런 면에서 우리 선조들의 유아교육에 대한 지혜로서 '단동십훈檀童十訓'을 그 예로서 소개하고자 한다.
　단동십훈은 4천 년 전 단군조선 시대부터 내려오는 육아법으로 오늘에 이르기까지 자랑스러운 한민족 교육열에 한 몫을 한 것으로 알려져 있다.
　우리나라의 전통 유아교육은 보통 출생 후 약 2년 동안 집중적으로 이루어졌다. 교육의 주된 내용은 감각 및 동작 훈련인데, 특히 도리도리, 짝짜꿍, 잼잼, 곤지곤지는 아기의 운동 기능과 뇌신경 발달, 소근육 발달을 위한 과학적인 놀이다. 그러나 자세히 살펴보면 이것의 표현 양식이나 형태에는 깊은 역사적 뿌리가 있다. 전문가들은'단동십훈'의 동작은 거의가 '천부경'의 원리와 사상을 담고 있다고 본다. 즉, 우주의 근본과 인간을 존중하는 우리 민족의 얼이 담겨 있다는 것이다. 그래서 아기들이 놀이를 하는 동안 은연중에 이를 배워 올바른 가치관을 정립할 수 있게 하려는 의도가 배어 있다.

이제 단동십훈의 실체를 소개하면
제1훈 : 불아불아弗亞弗亞
걸음마를 막 시작한 아이의 허리를 양손으로 잡고 좌우로 기우뚱거리며 할아버지 할머니는 "부라부라" 하며 손자, 손녀의 귓가에 들려준다. '불弗'은 하늘에서 땅으로 내려온다는 뜻이다. '아亞'는 땅에서 하늘로 올라간다는 의미다. 그래서 '불아'는 단군신화에서처럼 신이 사람으로 땅에 내려오고, 신선이 되어 다시 하늘로 올라갔다는 상징에서 영원한 생명을 지닌 어린이의 예찬으로 풀이된다. "귀한 내 새끼, 무럭무럭 건강하게 자라 세상을 밝게 해주렴."이란 소원으로 풀이된다.

제2훈 : 시상시상詩想詩想
아이를 앉혀놓고 앞뒤로 끄덕끄덕 흔들면서 "시상시상" 하며 흥얼댄다. 천지인天地人 삼재三才는 '한'에서 시작되었다는 조상들의 생명시원이 나타난 말이다. 우리 아버지의 아버지를 거슬러 올라가면 끝간데는 '한'의 자리라는 것이다. 때문에 '시상시상'은 어른 공경을 품고 있는 경로사상의 표현이기도 한 것이다.

제3훈 : 도리도리道理道理
머리를 좌우로 돌리게 하면서 아이에게 가르치는 십훈 중 최초의 교과목이다. 자라면서 천지 만물이 무궁한 하늘의 도리로 생겼듯이 너도 이런 도리로 태어났음을 잊지 말라는 자연의 섭리를 가르치는 도교육이다.

제4훈 : 지암지암持闇持闇
두 손을 폈다 쥐었다 하는 동작과 함께 엄마는 "지암지암(잼잼)" 하며 손놀림을 가르친다. 현묘한 도道 란 쉬이 깨칠 수가 없다. 두고두고 살아가며 알게 된다. '암闇'은 어둡고 혼미스럽다 는 뜻이다. '지암'은 세상의 혼미한 것을 가려서 파악하라는 의미다. 외래사상의 전개에 대한 경고로 풀어도 무리는 없어 보인다.

제5훈 : 곤지곤지坤地坤地

아이를 무릎에 앉히고 왼손바닥을 펴게 한 다음 오른손 검지로 왼손바닥을 찧게 하며 엄마는 '곤지곤지'한다. '십(十)'이라는 글자의 모양새는 음(一)을 양(ㅣ)이 관통하는 모습이다. 음양 조화의 상징이다. 이것을 알면 땅의 이치도 깨닫게 된다는 뜻이기도 하다.

제6훈 : 섬마섬마西魔西魔

아기의 다리에 힘이 생기면서 한 발짝 두 발짝 걸음마를 시작할 때 부모는 아기 걸음마의 귀여움과 신비에 매료된다. 섬마는 '서의 마귀'라는 의미다. 서마도西魔道, 곧 서쪽의 마귀 정신에 물들지 말라는 조상의 경고이기도 하지만. 섬은 '서다(立)'의 준말이다. 동도東道만으로는 안 된다. 동도서기東道西器의 조화로 홀로서기, 자주독립을 하라는 민족의 염원이 담긴 가르침이다.

제7훈 : 업비업비業非業非

아이에게 해서는 안 되는 것을 말할 때 약간 겁주는 말이 '업비'다. 무서움을 가르치는 말이기도 하다. 우리가 흔히 아이들이 위험한 것을 만질 때 '에비', '이비' 하는 말은 업비를 말함이다. 올바른 도에 맞지 않는 생활은 정업正業이 아니다. 접화군생接化群生이어야 한다. 이런 일에 접하는 모든 것을 살리는 것이 올바른 업이라는 말이다.

제8훈 : 아함아함亞合亞合

손바닥으로 입을 막으며 '함마 함마' 소리내는 동작이다. 두 손을 가

349

로 세로로 포개면 '아亞'자 모양이 된다. 이것은 천지 좌우의 형국을 내 가슴속에 모신다는 것을 상징한다. 시천주侍天主의 의미와 상통한다.

제9훈 : 작작궁 작작궁作作弓 作作弓
머리 운동을 하는 교육이 끝나면 손바닥으로 손뼉을 치며 노래를 배운다. 천지 좌우와 태극을 맞부딪쳐서 흥을 돋우며 궁(弓:태극)의 이치를 알았으니 이제는 손으로 궁弓을 만들어보고 그 이치를 깨달으라는 것이다. 사람으로 와서 신神으로 가는 이치(弓)를 알았으니 그 기쁨, 손뼉을 치며 기쁘게 노래하며 춤추자는 의미가 들어 있다.

제10훈 : 질라아비 훨훨의羅阿備活活議
나팔을 불며 춤추는 동작이다. 이제 천지 우주의 모든 이치를 깨달았으니 기쁘다. 이제 지기地氣를 받아 태어난 이 육신, 활활活活 잘 자라도록 살아가자는 뜻이다.

이 밖에도 '깍꿍覺弓'이라는 것도 있다. 아이를 놀라게 해주려고 눈을 크게 뜨고 "깍꿍"한다. 궁弓은 새을乙자 모양의 음양을 말하며 우주의 근본을 의미한다. 각궁은 근본을 깨달으라는 뜻이다.

그 외에도 삼강오륜을 가르친 동몽선습童蒙先習과 율곡선생이 어린 제자들을 강학하기 위해 저술한 격몽요결擊蒙要訣등 아이들이 익혀야 할 교재가 부지기수다.

수필

이성림 수필가, 명지대 교수, 은평문인협회 고문.

선생님 말씀 잘 듣는 학생

학교는 나의 가장 즐거운 놀이터이자, 생활 근거지이다. 퇴직을 한 지 3년여 세월이 흘렀어도 여전히 명예교수로서 강의도 하고 연구도 하고 학교생활을 이어가고 있다. 이제껏 한 번도 학교 바깥에서 생활을 해 본 적이 없다. 초중고를 거쳐 대학에 입학한 이래 늘 학교 안에서 생활을 하고 있다.

학교에는 선생님과 학생들이 있다. 선생님들의 가르치심으로 나름, 사람 노릇하고 있는 것 아닌가 생각될 때가 많다. 주님! 나의 빛이 되어 주시고 구원이시듯 학교에서 나를 사람 되라고 가르쳐 주신 모든 선생님들을 나는 그리 생각하고 무조건 엎드려 존경한다.

자연스럽게 학창 시절 선생님들께서 주신 말씀이나 글씨를 곁에 놓고 생활하고 있다. 여러 편의 글 중에서 몇 편을 옮겨 적어 보면서 선생님 말씀을 새겨본다.

김남조 선생님께서 적어 주신 글귀가 있다.

"그가 있기에/ 내 영혼을 스스로/ 귀중히 여김//

이런 일이/ 그에게도/ 일어나기를"

말씀이신즉, 자신의 영혼을 스스로 귀하게 갖는 일의 중요함을 적어 주신 듯하다. 결코 함부로 판단하고 쉽게 생각해서는 아니 된다는 확호하신 말씀으로 상대방도 이만큼의 결연함과 서로의 영혼이 맞닿아 있기를 희구하심이라 새겨본다. 선생님의 독특하신 개성적 글씨체가 마음에 젖어 들게 하고 있어 물끄러미 바라본다.

최신호 선생님께서 파초 잎사귀로 적어 주신 두 편의 붓글씨를 적어본다.

"희언자연希言自然 불소찬혜不素餐兮"

라는 글씨를 내려 주셨다. 글씨에 담겨 있는 뜻을 사색해 본다. 내가 말이 많아지거나 공부에 나태해질 때 성찰한다. 선생님께서는 아마도 무언의 가르치심으로 〈시경〉에 있는 말씀을 적어 주셨다고 생각해 본다. 어찌 그리 수선스럽고 공부를 게을리하는가라는 자책감이 들 때마다 바라보는 문구이다. 말이란 지극히 인위적인 것이다. 말이 많으면 실천이 어렵고 지켜내기가 힘들다. 말이 없는 자연을 닮으라고 하셨다. 말이 없는 저 자연은 세상의 이치대로 자연스럽게, 때를 기다려 움직이고 있다. 대시이동待時而動으로 순환하고 있다. 공부를 주업으로 하는 학자가 연마하지 않고 다른 것에 관심 두는 것도 경계하셨다. 이렇게 선생님은 제자를 향하여 글씨 죽비소리로 다스리고 계신다.

김동욱 선생님의 붓글씨도 가히 일품을 이루시고 뜻이 깊으시다. 가까이서 뵈면서 여러 편을 얻을 수 있었다. 청해서 받은 글씨로는 '사무사思無邪'와 '원형이정元亨利貞'이 있다. 그런데, 을축乙丑 원단元旦에 새해 덕담 카드로 보내오신 한글 글씨가 있다. 지금 책상머리 위에 얹어 놓고 있어서 옮겨 적어 본다.

"마음의 여유를 가지고 서두르지 말고"

얼마나 쉬운 말씀이신가. 어린아이들도 다 알아들을 소리 아닌가. 그런데 선생님께서 이리 말씀하신다. 어렵게 이야기하시지 않는 가운데 깊고 깊은 철리哲理가 들어 있음을 느낀다. 공부도 그렇고 온갖 세상 만물 이치가 그러하다. 요즈음은 빨리 빨리가 대세인 세상이라고 한다. 무엇이든 그렇게 하다보니 마치 국민성인 것처럼 떠들어 대기도 한다. 때로는 민망하기까지 하다. 기다림의 실종 시대처럼 보인다. 젊은이나 나이 드신 분이나 기다림 자체를 잘 못 하는 것 같다. 그러나 한숨 돌리고 생각해 본다. 결코 서둘러서 되는 일은 없다. 천천히 여유를 가지고 기다려야만 한다. 공부가 이루어질 때까지 노력을 다하며 기다려야 하고, 오지 않는 사람을 위해 차분히 기다려 주어야 한다. 백제 여인의 노래인 〈정읍사〉에서도 행상 나간 남편의 무사 귀가

수필

를 기다리지 않는가, 요즈음은 남녀 동시에 일하는 시대이다 보니 일 나간 아내를 기다리는 남편의 모습도 자연스럽다.

이미 오래전에 써 주신 글귀가 요즈음 더욱 절실하게 가슴에 와 닿는다. 이렇게 진리는 세월의 흐름에 관계없이 우리들 가슴을 후려치며 스며들고 있다.

친필親筆·육필肉筆에는 글을 쓰신 분의 혼령이 깃들어 있거늘, 이미 타계하신 지 오래인 선생님도 계시건만 나는 늘 선생님들께서 주신 말씀 안에서 생활하고 있음을 감사해한다. 선생님 말씀 잘 듣는 학생이고 싶다.

하물며 빛과 구원으로 오신 주님 말씀에 순종함은 백 번이고 천만 번이고 따라야 할 것임을 명심한다. 군사부일체가 흐려진 요즈음 세상이라 하더라도 나는 주님의 자녀이고 주님의 제자이듯 주님 말씀과 선생님 말씀을 잘 듣는 학생이고 싶다.

이석곡 소설가·시인·화가, 한국문인협회 회원, 허균문학상·탐미문학상 외, 장편소설 『장미의 반란』 외 시집

심훈의 『상록수』는 영원히 시들지 않는다

　심훈(1901~1936) 작가는 서울 노량진에서 유복한 가정의 셋째 아들로 태어났다. 36세라는 짧은 인생을 살면서 소설가요 시인이요 애국자요 영화배우에 감독까지 한 다재다능한 천부적인 예인이다. 그의 시 「그날이 오면」은 일제강점기에 조국의 광복을 간절히 바라는 마음으로 불굴의 '절규시'를 발표하여 지금도 3.1절 기념식에 가끔 낭송되곤 한다.
　장편소설 「상록수」는 동아일보 창간 15주년 장편소설 공모 당선작이다. 1936년 9월 16일 '상록수' 출판을 준비하던 중 사망한다. '상록수'는 계몽문학의 전형으로 민족주의와 계급적 저항의식이 표현되어 있으며 본격적인 농촌문학의 개막 작품으로 평가받는다는 점에서 관심있게 읽었다.
　학생 신분인 동혁과 영신은 신문사가 주최하는 다과회에 참석해 농촌 현실을 발표하며 서로 알게 된다. 여주인공 채영신은 실제 농촌계몽운동을 했던 최용신을 모델로 그렸다고 한다. 그들은 학업을 중단하고 농촌의 무지한 사람들 교육을 목표로 어려운 환경을 극복하고자 하는 양심적인 지식인의 참모습을 보여준다.
　변함없는 푸르름을 상징하는 제목 상록수는 자연의 에너지요 삶의 원동력이다. 상록수는 우리의 삶이 어떻게 푸르게 빛날 수 있는지를 보여준다. 자연과 어우러져 살아가는 상록수는 주인공의 삶을 변화시키고 성장시키듯이 새로운 삶을 발견하고 성장해 나가는 과정을 보여준다.
　상록수에서 그림자는 어둡게만 생각했는데 어둠이 아닌 삶의 아름다움으로 승화시키는 수사법으로 메타포인 것이다. 즉 과거와 현재의 만

수필

남이 미래지향성을 내포하고 있다. 주인공은 그림자에서 자신의 존재와 가치를 발견하고 삶의 어둠에서도 빛나는 아름다움을 찾고자 한다.

일제의 수탈과 비정한 억압 속에서 젊은 남녀가 브로나드운동을 벌인다, 즉 문맹퇴치운동의 과정을 보여준다. 작가는 이 작품을 영화로 만들고자 했으나 일제의 방해로 뜻을 이루지 못한다. 소설의 남자주인공 박동혁은 한곡리라는 궁벽한 마을의 형편을 숫자에서 보게된다. 구십호 중 농업이 7할 어업이 2할 토기업이 1할 460명 중 문맹이 8할, 여름과 겨울 방학 때, 중년 이하로 여자들과 6~7세 이상의 아동 247명에게 한글을 깨우쳐준다. 가르칠 장소가 없어서 큰 은행나무 밑에서 널빤지에 먹칠을 한 걸 칠판이라고 기대놓고 가마니를 깔고 밤 깊도록 이슬을 맞아 가면서 가르친다. 장마 때는 움을 팠고 밀짚으로 이엉을 엮어서 덥고 그 속에 들어가 진땀을 흘리며 가갸거겨를 가르쳤다.

1백여 년 전, 조선의 농촌, 어촌, 산촌에 사는 사람들의 무지를 알 수 있다. 무식하다는 것은 비참한 생활에서 벗어나기 어렵다. 무식하기 때문에 일제에 억압을 당한 것이다. 계몽운동을 한 주인공 동혁과 영신은 글자를 가르치는 데만 그치지 않고 우리 민족의 대다수 농민들의 살길을 열어 주기 위해 희망의 정신을 넣어 주기도 한다. 동혁과 영신은 농촌, 어촌, 산촌의 그네들을 위해서 희생에 바치며 우리 민족이 거듭나기를 노력했다.

이 소설은 젊은 두 남녀의 희생정신을 통해 우리 민족의 상황과 실태를 보여주고 있다. 주재소의 주임은 예배당이 좁고 위험하다고 80명으로 인원을 제안하며 비협조적이다. 삼분의 일이나 어린 학생들이 글을 배우지 못하게 되자 영신은 청석학원 기성회회원 방명부를 꾸며 이동리, 저동리 험한 산을 넘고 기부금을 모으며 다닌다. 한편 동혁은 농우회 회원 12명과 농우회 회관을 한 달 보름 만에 한곡리에 폭이 열 간쯤 되는 창고 비슷하게 짓었다. 회원들의 피땀으로 짓은 집이다. 사무실과 도서실은 꾸며 놓고 새로운 지식을 달고 세상이 어떻게 돌아가는 형편을 짐작할 수 있도록 차려 놓았다. 그네들은 회관 집 한 채를 짓는데 단결의 힘이 얼마나 크다는 것을 체험했다. 한편 영신은 돌아가신 아버지가 정해놓은 약혼자에 대해 어머니가 서둘렀지만, 그녀는 연애하는데 소모하는 정력이나 결혼생활로 허비되는 시간을 온통 계몽사업에 헌신했다.

가장 큰 적은 무지다. 아는 것이 큰 힘이므로 배워야 산다. 영신은 환갑이라고 기생이나 광대를 불러서 질탕히 먹고 노는데 배움에 굶주린 어린이들은 비바람 가릴 집 한 칸이 없이 길바닥으로 쫓겨났다. 주재소의 날카로운 눈은 영신은 본서까지 끌려가서 구류를 살게 된다. 그리고 왜 우리가 구차한가를 생각해 본다. 첫째 고리대금 업자의 간교한 착취수단으로 빈민들이 늘어난다. 두 번째 고리대금과 다름없는 잠릿 벼를 놓아먹는 악습까지 타파해야 한다. 고리대금 업자의 손에 회관을 빼앗긴 것도 그러한 이유이다.

영신은 연약한 여자의 몸으로 농촌의 개발과 무산 아동의 교육을 위해 과도히 일하다가 생명을 바친다. 그녀의 위대한 정신은 나의 가슴을 먹먹하게 한다. 동혁은 영신이 못 다하고 간 두 몫을 다하리다 조선의 방방곡곡으로 돌아다니며 그네들과 긴밀한 연락을 취해서 같은 정신과 계획 아래에서 농촌운동을 통일시키도록 힘쓴다.

상록수는 동아일보 창간 15주년 현상소설 당선작으로 이 소설은 토속어 사용이나 익살스런 묘사들은 천부적인 작가의 재능을 보여주는 작품이다. 작가 심훈은 3.1운동에 참여했다가 일경에 체포돼 4개월간 복역하고 부모가 살고있는 당진에 내려가 창작에 전념하지만 일경의 검열과 방해로 36세의 젊은 나이에 타계한다.

수필

이명지 93년《창작수필》등단, (사)한국문협평생교육원 수필창작과 교수, 조연현문학상 외, 수필집『육신, 뜨거워도 괜찮아』외.

바깥

냇가에서 소세梳洗하는 처녀같이 봄비가 온다. 송홧가루를 뒤집어쓰고 있던 단풍나무며 목단도 세수하고, 마당에 놓인 평상도 노란 땟국물을 비에 씻는다. 소나무는 제가 저지른 소행에 시치미를 뚝 떼고는 저도 비에 젖으며 싱싱하게 꽃대를 곧추세운다.

전원의 사오월은 송홧가루와의 전쟁이다. 날리는 송홧가루는 마당의 디딤돌까지 노랗게 물들이고, 잡초를 뽑을 때도 안경과 마스크를 써야 한다. 장독에도 매일 물을 끼얹어야 할 정도니 창문을 열어 집안으로 바람을 들이는 것은 언감생심이다. 먼 산에 바람이 불면 마치 노란 연막탄을 터트린 것처럼 송홧가루의 군무가 산을 뒤덮는다. 고고한 선비 풍모를 하고 대체 소나무는 왜 이리 민폐를 끼치는 것일까?

송화松花는 암수한꽃이다. 하지만 제꽃가루받이를 하지는 않는다. 바람에 꽃가루를 날리는 것은 수꽃이 하는 짓이다. 노란색 수꽃이 먼저 피어 온 세상으로 꽃가루를 뿌리고 나면 뒤이어 줄기 끝에 달걀모양을 한 자주색 암꽃이 핀다. 이때 공기주머니를 달고 멀리 바깥으로 출타했던 송홧가루가 다른 나무에 머물다가 바람에 실려 다시 날아와 수정이 이루어지는 것이다. 나비도 벌도 부르지 못하고 천지사방으로 나돌던 분이 돌아와서야 맺는 수태로 솔방울을 만든다.

돌아오는 화분의 양이 얼마나 되겠는가. 그러니 수꽃이 마구마구 꽃가루를 뿌려놓아야 암꽃에 수정될 확률이 높아지는 것이다. 수컷의 본능이 식물에서도 크게 다르지 않은 오묘한 자연의 진리를 본다. 이 어려운 수태 과정을 거치는 데에는 소나무의 숨은 뜻이 있다. 자가수분으로 유전자의 퇴화를 막으려는 처절한 본능이다. 제 안에 침잠하지 않고 바깥으로 나르는 모험을 거쳐 강인한 결합으로 멸종을 막겠다는 소나무의 위대한 본능에 절로 고개가 숙어진다.

　글이 잘 안 써져서 깜빡이는 노트북의 커서만 바라보는 시간이 길어지면 일어나 바깥으로 나간다. 마당의 풀꽃과 나무들에 가만히 말을 걸어본다. 이 친구들은 한 번도 내 물음에 답을 안 한 적이 없고, 내가 쓰다듬는 손길에 보답하지 않은 적이 없다. 나무와 꽃들은 언제나 친절하다. "만나는 사람마다 네가 모르는 전투를 치르고 있다. 친절하라! 그 어느 때라도." 숲속의 현자 비욘 나티코 린데브라드가 들려준 의미를 나는 우리 집 마당 식구들에게서 배운다.

　20년이 넘은 전원의 낡은 별장을 사서 이사와 네 번째 봄을 맞는다. 집보다 정원의 소나무가 마음에 들었었다. 특별히 모양을 내어 멋을 부리지는 않았어도 세월의 중후함이 깃들어있는 자태는 언제나 내 눈길을 빼앗는다. 이제는 반짝반짝 새것보다 세월의 때가 좀 탄 듯한 낡은 것이 더 정겹고 마음이 간다. 나를 보는 것 같아서일까.

　바깥을 꿈꿀 때는 한 걸음 물러서서 나를 바라보고 싶을 때다. 관습으로 굳어진 틀을 깨고 나와 더 넓은 세상으로 떠날 용기가 필요할 때다. 그렇게 길을 찾고 싶을 때다.

　사는 게 한 치 앞도 보이지 않고 암흑천지 같았을 때 템플스테이를 하러 간 적이 있다. 삶의 바깥, 나의 바깥으로 탈출하는 심정이었다. 가톨릭 신자로 모태 신앙을 가졌지만 종교의 굴레에서도 벗어나 보고 싶었다. 산사의 깜깜한 밤, 혼자 탑돌이를 하는데 초승달이 나를 따라다니며 등을 토닥였다. 별들은 저희끼리 쑥덕거렸지만, 눈물은 산들바람이 씻어주었다. 새벽 예불을 알리며 사물을 두드리는 스님 뒤에서 두 손을 합장하고 쿵쿵 내 심장이 뛰는 소리를 들었다. 살아라, 살아라, 살아서 보아라! 하고 귀도 눈도 깨워 일으켰다.

　숲길 걷기 명상을 하며 너른 바위 위에 누워 하늘을 보니 비로소 바깥에 있는 내가 느껴졌다. 스스로 만든 고치 안에 나를 가두고 들어앉은 내가 보였다. 원인을 알면 해결은 쉽다고 했던가. 올라갈 때 못 본 고은 시인의 시비가 내려올 때 보였다.

수필

"내려올 때 보았네 올라갈 때 못 본 그 꽃"

일정을 마치고 내려올 때 나를 품어준 그곳에 마음을 다해 사과의 편지를 썼다.

"백담사야 미안해, 내 근심 너한테 다 버리고 가서…."

나를 퇴화시키지 않을 방법은 내 안에 갇혀있지 않기였다. 나에게서 나와 방관자적 시선으로 내 안에 웅크리고 있는 욕망과 집착을 응시했다. 숲을 나와야 숲이 보이는 것처럼, 그래야 새로운 길을 낼 수 있을 것 같았다. 나를 움직일 수 있는 것은 오직 나밖에 없다. 자기 삶을 경험하는 것은 결국 자기 자신이니 스스로 깨고 나와야 부화孵化인 것이다. 삶의 고통도 권태도 한 걸음 물러서니 보였다. 그 모든 것의 원인 또한 나 자신이란 생각에 이르니 그제야 숲도 보이고 나무도 보였다.

세월이라는 시간과 몸을 섞어 혼종混種으로 나이 든 소나무는 아름다운 자태가 예술성을 지닌다. 자연이 빚어낸 힘도 크지만 저 스스로 지켜낸 힘, 바깥으로 날아간 위대한 송화의 모험 덕분이리라. 날리는 가루가 성가시다며 눈을 흘겼던 소나무를 가만히 안아본다. 너를 몰라 너를 탓했구나. 틀을 깨고 나오니 너는 어제의 네가 아니구나. 나도 어제의 내가 아니구나. 소나무의 시간과 나의 시간이 섞이는 순간이었다.

잡초를 뽑고 물을 주었다고 내가 마당을 가꾸었다고 생각한 건 교만이었다. 한 발짝도 움직이지 못하는 나무들이 제 자리에 서서 스스로 키를 키우며 내게 생각의 길을 내주고 후일을 도모하게 하고 나를 살게 하는구나. 친절한 마당의 초목들이 나의 스승이었구나….

봄비가 그친 전원엔 소세 한 말간 푸르름이 바람에 흔들리고 있다. 제 할 일을 마친 수꽃 송화는 잠잠한데, 줄기 끝 암꽃들은 하늘의 구애라도 받은 듯 일제히 까치발을 딛고 섰다.

안윤자 시인·수필가, 사사편찬위원장, 대표에세이문학회 회장 역임, 수필집 『사대문 밖 마을』 외.

최초의 주미공사관

　빅토리아풍의 단아한 3층 벽돌집. 다시 게양된 태극기가 워싱턴 하늘을 배경으로 힘차게 나부낀다. 워싱턴 DC 로건서클 15번지. 2018년 5월 재개관된 옛 대한제국공사관 건물은 백악관 앞 라파예트 광장에서 북동쪽 방향 1.5㎞ 지점에 있다. 슬슬 걸어가도 십여 분이면 닿는 거리다.
　조선왕조의 국운이 하염없었던 때, 1882년 5월 22일 대조선국은 미국과 조미수호통상조약을 맺었다. 초대 주미전권공사로 협판내무부사 박정양1841~1904을 임명하였고 클리블랜드 미국 대통령에게 고종 임금은 국서를 전달했다. 은둔 왕국 조선이 자주외교의 상징처럼 서방세계를 향해 날갯짓을 시작한 개국 이래로 최초의 비상이었다.
　그로부터 7년 뒤인 1889년 고종은 내탕금 2만 5천 달러를 투입하여 로건서클의 공사관 건물을 전격 매입했다. 그 금액은 당시 한해 왕실 예산의 절반가량이나 되는 엄청난 거금이었다.
　불과 십여 년 뒤, 배신의 아이콘으로 낙인찍힌 가쓰라-테프트 밀약의 희생양이 될 것이라는 국제정세의 메커니즘을 고종은 전혀 감지하지도, 예견치도 못했다. 수백 년을 첩첩 닫아 걸은 은둔국의 임금답게 고종 내외는 조미수호통상조약을 희망의 보루 로 여겼다. 지푸라기라도 잡고 싶은 심정으로 유능하고 친절한 선교사들의 나라인 미국이라는 제국주의에 국가의 명운을 기대고 싶어 했을 것이다.
　건물 외벽에는 'Old Korean Legation'의 영문과 '주미대한제국공사관'이라 적힌 한글 현판이 걸려 있다. 중앙 계단을 따라 올라가면 130여 년 전의 그날처럼 워싱턴 하늘에서 대형 태극기가 오늘도 펄럭인다.

수필

    전시관으로 재개관된 주미대한제국공사관은 현존 당시의 그림엽서와 미국 헌팅턴 도서관에 소장된 1893년 판 공사관의 내부 사진. 서울대학교 규장각이 소장하고 있는 대한제국 공문서 자료와 박정양 시문집『죽천고』등의 사료를 기반으로 원형에 가깝도록 고증하여 복원했다고 한다.
    물품 대장을 근거로 산출된 리스트는 무려 232개에 달하는 품목이었다. 당시의 현장에서 사용했던 물품 중 샹들리에나 의자, 탁자, 장식장 같은 주요 인테리어 소품들은 가장 유사한 엔틱 패턴으로 고가구점을 누벼서 구했거나 새로이 제작했다.
    기본적인 내부 마무리 장식으로 시대성을 주도하는 벽지나 카펫, 커튼 같은 인테리어 용품들도 그 문양과 색깔을 원형에 근사한 톤으로 복원해 놓았다. 깊고도 무거운 잠에 짓눌려 있던 쉼표의 역사를 재생해 간 과정이었다.
    사교적인 파티장 같은 친교를 위한 장소로 사용이 된 다이닝룸의 붙박이 가구는 덧칠 자국이 남아있는 부분의 페인트를 살살 수차례에 걸쳐 벗겨내자 놀랍게도 130년 전의 원색과 문양이 그대로 드러났다고 한다.
    로건서클 15번지의 공사관이 존속한 기간은 16년 남짓에 불과하다. 1905년 을사늑약으로 인해 침략국에 외교권을 빼앗긴 참사 직후부터 사실상 주미공사관으로써의 외교적인 기능이 상실된 까닭이었다.
    강제 병합 두 달 전인 1910년 6월 29일. 파렴치범 일제는 형식적인 매입 절차를 거친다면서 단돈 5달러에 건물의 흔적을 아예 지워버린 기염을 토했다고 기록은 전한다. 그 즉시 어떤 미국인에게로 10달러를 받고 되팔아 넘긴 미증유의 대사건이 그것이다.
    제국주의 반열에 숟가락을 얹으려는 욕망과 획책으로 용꿈에 부풀어 있던 일본의 입장으로는 워싱턴 한복판에서 버젓이 존속하고 있는 대한제국주미공사관의 명패는 용납할래 할 수가 없는 눈엣가시였을 것이다. 척 보면 삼천리라고, 침략자의 몰염치가 아니었던가.

그들은 작심하고 수천 년의 유구한 역사와 전통을 지닌 단일왕조의 상징물 태극기를 끌어 내리고 공사관 건물을 가차 없이 통째로 시야에서 날려버렸다. 그 후 고종의 꿈과 한이 서린 이 공사관 건물은 아는지 모르는지 한 세기가 넘는 무상한 세월을 모든 사연 다 묻어둔 채로 깊고도 깊은 잠에 빠져 있었다.

문화재청은 2012년 10월 18일, 이 역사적인 건물을 재매입하는 데 성공한다. 1977년부터 거주하고 있던 소유주 젱킨스 부부에게 350만 달러를 지불하고 로건서클 15번지 옛 공사관 건물을 되찾아 오는 데 성공한 것이다.

당시의 화폐 가치로 환산하면 39억 5000만 원이라는 거액이었다. 무참히 탈취당한 국부를 이제라도 환원시킨 과정, 돌고 돌아와 최초의 대한제국주미공사관 건물을 되찾은 지난한 역정의 드라마는 곧바로 현실의 우리 근현대사라 아니 할 수 없다.

모진 격동의 회오리 속에서 오랫동안 잊힌 존재가 되어 있었지만 로건서클 15번지, 그 모퉁이를 용케도 묵묵히 지켜낸 옛 대한제국주미조선국공사관 건물.

워싱턴의 이 건물이 원형 그대로를 존속해 주고 있었다는 건, 보통 일이 아니다. 불에 타서 재가 되어 버렸다거나, 재건축되어 흔적도 없이 본체가 날아가 버리지 않았다는 사실, 그런 천운과 요행에 대해 우리는 경의를 표해야만 할 것이다.

한 세기가 훌쩍 넘어간 어느 지점에 원형을 되찾아와 복원한 현실은 무릇 기적과도 같은 행운이었다. 창대하게 다시 열릴 국운이었다. 역사는 그렇게 또 긴 한숨을 토해내고 흘러간다.

수필

배병군 한국가곡작사가협회 이사, 세계시문학회 사무차장, 아태문인협회 지도위원, 한국신문예문학회 윤리위원.

애비야, 요새가 무슨 요일여

　제가 군대 생활을 할 때, 신병이 자대에 배치되면 무섭게 생긴 고참(선임)들이 답변하기 곤란한 질문을 하곤 했습니다. "야, 신병, 너 이름이 몇 살이야?" 그러면 신병은 이름을 묻는 건지 나이를 묻는 건지 헷갈립니다. 그러다가 이름을 먼저 물어봤으니 "저의 이름은 홍길동입니다."라고 대답을 합니다. 그러면 고참이 화를 버럭 내며 "야 이 새끼야, 내가 언제 네 이름을 물어봤어? 나이를 물어봤지. 이 새끼 봐라. 군기가 빠졌네. 박아!"라고 말을 합니다. 여기서 '박아!'는 원산폭격(머리를 땅에 대고 열중쉬어 자세로 기합받는 것)을 말합니다.
　시간이 어느 정도 지나 신병이 너무 힘들어하면 일으켜 세우고 다른 고참이 질문을 합니다. "야, 신병, 너 이름이 몇 살이야?" 그러면 신병은 약간 눈치가 생겨서 자신 있게 "저의 나이는 스물두 살입니다."라고 대답을 합니다. 그러면 그 고참은 먼저 질문한 고참보다 더 심하게 화를 내며 "야 이 새끼야, 내가 언제 네 나이를 알고 싶다고 했어? 이름을 알고 싶다고 했지. 이 새끼 봐라. 이거. 군기가 완전히 빠졌네. 박아!"라고 말을 합니다.
　나중에 알게 되지만 신병은 어떻게 답변을 하더라도 기합을 받게 되어있습니다. 그 기합은 신병에게 군기를 심어주기 위한 것이고, 군기가 들어야 군대 생활을 무사히 마칠 수 있습니다. 신병 때 군기가 안 들면 앞으로 힘든 군대 생활을 제대로 할 수 없습니다. 그래서 탈영이나 자살 또는 자해 사고 등을 미연에 방지하기 위해 신병으로 하여금 늘 군기가 들게 합니다.
　2023년 10월 2일 월요일 아침에 어머니께서 저에게 서울에 언제 가느냐고 물으셨습니다. 그래서 저는 토요일에 간다고 말씀을 드렸습니다. 그러니까 어머니께서 알겠다는 듯이 고개를 끄덕이셨습니다. 점심 때가 되자 어머니께서 똑같은 질문을 하셨습니다. 그래서 토요일에 간다고 똑같이 대답했습니다. 저녁때가 되자 어머니께서 또 똑같은 질문을 하셨습니다. 그래서 저는 토요일에 간다고 또 똑같이 대답했습니다. 그러면서 속으로 '엄마가 귀가 어두워서 잘 못 들으시나? 아니면 기력이 약해지셔서 정신이 좀 오락가락하시나?'라고 생각했습니다.

다음 날 아침 어머니께서는 "애비(아비)야, 오늘 가니?"라고 물으셨습니다. 그래서 "오늘 안 가유. 토요일에 가유."라고 대답하였습니다. 점심때와 저녁때도 똑같은 질문을 하셨습니다. 그리고 그다음 날 수요일에도 똑같은 질문을 하셨습니다. 그래서 그날은 "엄마, 토요일에 간다고 벌써 몇 번이나 말했잖유~!"라고 약간 짜증을 낼 뻔했습니다. 하지만 참았습니다. 고故 황수관 박사님에게서 들은 어떤 부자지간의 대화가 생각났기 때문입니다.

어떤 마을의 대청마루에 83세 된 아버지와 53세 된 아들이 마주 앉았답니다. 그때 창가에 까치 한 마리가 날아왔답니다. 아버지가 아들에게 물었답니다. "애야, 저게 뭐냐?" 아들이 "아버지, 까치예요."라고 대답했답니다. 아버지는 "그래. 오냐 고마워."라고 말하고 잠시 후에 두 번째로 똑같은 질문을 하였답니다. 그러자 아들은 좀 언짢아서 "방금 까치라고 말했잖아요~오."라고 말했답니다. 잠시 후에 아버지는 세 번째로 또 똑같은 질문을 했다고 합니다. 아들은 화가 나서 "금방 까치라고 했잖아요~오! 그것도 못 알아먹어요?"라고 언성을 높이며 말했답니다. 그러자 약간 치매기가 있는 아버지는 너무너무 서러워서 방으로 들어갔답니다. 그리고 옛날 일기장을 꺼내왔다고 합니다. 그 일기장은 아버지의 33세 때 일기장이었답니다. 아버지는 아들보고 그 일기장을 읽어보라고 했답니다. 그 일기장에 다음과 같은 글귀가 쓰여 있었다고 합니다.

세 살짜리인 내 아들과 마루에 앉아 있었다. 마침 창가에 까치가 날아왔다. 세 살 먹은 내 아들이 나에게 물었다. "아빠, 저게 뭐예요?" 나

수필

는 "얘야, 까치란다."라고 알려줬다. 내 아들은 연거푸 23번이나 물었다. 나는 23번을 까치라고 대답하면서 내 마음이 왜 그렇게 즐거운지 몰랐다. 그래서 사랑하는 내 아들을 너무 귀여워서 품에 안아주었다. 물어볼 때마다 귀엽고 이뻐서 나는 한 번도 화를 안 내고 알려줬다.

갑자기 이 이야기가 생각나서 저는 "애비야, 오늘 가니?"라는 질문에 짜증이 나려던 것을 참고 "오늘 안 가유. 토요일에 가유."라고 침착하게 대답했습니다. 그러자 어머니께서 "애비야, 요새가 무슨 요일여?"라고 물으셨습니다. 어머니의 이 질문에 저는 순간 군대 생활이 생각났습니다. "너 이름이 몇 살이야?"가 맞는 어법이 아닌 것처럼 "요새가 무슨 요일여?"도 맞는 어법이 아니기 때문입니다. 요새가 무슨 때여? 또는 요새가 무슨 계절여? 오늘이 며칠여? 또는 오늘이 무슨 요일여? 라고 해야 맞는 표현입니다. 어머니의 어법에 안 맞는 질문에 제가 만약 "요새는 가을입니다."라고 답변하면 어머니께서 "애비야, 내가 요일을 물어봤지 계절을 물어봤냐?"라고 할 것 같았습니다. 그리고 만약 "오늘은 수요일유."라고 대답하면 "내가 요새라고 물어봤으니 계절을 얘기해줘야지 요일을 얘기해주면 어떡혀?"라고 하실 것 같았습니다.

"애비야, 요새가 무슨 요일여?"라는 어머니의 질문에 저는 "오늘은 수요일유. 어제가 화요일였잖유."라고 대답하였습니다. 그랬더니 어머니께서는 저의 답변에 만족을 하셨는지 고개를 끄덕이셨습니다. 그리고 요양원에서 준 거실 벽 못 위에 걸은 커다란 달력을 보시며 토요일까지 며칠이나 남았는지 계산을 하시는 것 같았습니다.

저의 어머니께서 90대가 되니 큰 수술을 해서 그런지 드시는 식사의 양이 많이 줄었습니다. 보통 성인들의 한 숟가락 정도보다 조금 더 드십니다. 그러다 보니 기력이 많이 떨어지셨습니다. 올해는 좀 나아지셨지만, 작년에는 일어나고, 앉고, 누울 때도 힘들어하시는 것 같습니다. 그리고 기억력도 많이 떨어져서 한 말을 자꾸 또 하실 때도 있습니다. 물건을 두고서 잘 찾지도 못할 때도 있습니다. 자식이 뭐라고 자식들을 위해 평생 알맹이와 단물을 다 바치시더니 어느덧 쭈글쭈글한 껍질과 가끔 오락가락하는 정신만 남았습니다. 그래도 자식을 고생시키지 않으려고 "내가 밥을 해 먹어 볼 테니 애비는 빨리 서울로 가!"라고 말씀하십니다. 사실 "애비야, 요새가 무슨 요일여?"라고 물으시는 것도 어머니의 속마음을 알고 보면, "애비야, 빨리 집에 가지 않고 여기서 매일 내 밥만 해주고 있으면 어떡혀? 빨리 토요일이 와야 애비가 서울 집에 갈 텐데. 그래야 애비가 편히 자고 먹는 것도 살로 갈 텐데."라는 뜻으로 이야기하시는 것입니다. 그런 어머니를 생각하면 그저 고맙고 눈물이 납니다.

수필

박진우 시인·수필가, 서미예협회 고문, 제10회 에스프리문학상, 사)서울시립큐코뮤지컬.

하늘 냄새

 어느 곳에서나 침묵은 나와 나누는 대화이자 소통입니다. 이 대화는 어느 절친과 나누는 대화보다 훨씬 진솔하고 따뜻하기도 합니다. 또한 일대 일로 대면하는 세상 속에 뛰어든 진정한 나를 발견하곤 하지요.
 말은 사회적 약속이라 합니다. 흔히 외로움과 고독의 차이는 없는 것처럼 보이나 그 의미는 전혀 다르지 않다 하더라도 외로움은 사방 가로 놓인 벽의 족쇄에서 벗어나지 못하고 고독은 침묵을 나누는 소통인 것입니다. 그 길은 외로움을 고독으로 승화시키는 것으로 나와 고독과 맞대면하는 침묵의 바다에서 고독은 신의 얼굴이요 신의 음성입니다. 그 침묵의 바다에서 나는 어릴 적 나의 순수한 고독의 신세계를 이야기해 볼까 합니다.
 다섯 살이 되는 해 나는 공주에서 서울로 올라와 어머니하고 마포 이대 입구에 이주해 자리 잡았습니다. 때는 전쟁 직후라 세상은 시끄럽고 어려운 나날이었습니다.
 어머니는 포목장사 나가고 난 집에 언제나 혼자입니다. 과자 사 먹으라고 준 돈으로 난 콩나물을 사고 다음 날은 두부를 사서 찬장에 넣기가 일수입니다. 왜냐하면 어머니는 어둔 밤에 오시기에 그리했던 것입니다. 그리고 혼자 쪽마루에서 잠들다 마당으로 떨어진 줄도 모르고 마당에서 낮잠을 자는 날이 허다하였습니다.
 내가 초등학교 다닐 때는 어머니의 포목장사가 지방까지 단골이 잡혀 몇 일간 집에 못 오실 때면 나는 이태원의 작은 이모네 일곱 식구가 좁은 방에서 매일같이 먹는 콩나물죽을 먹으러 갑니다. 당시 시내버스는 없었는지 승차했던 기억은 전혀 없고 종로에서 마포까지 전차가 운행했던 걸로 기억이 납니다.

나는 철로 지름길로 신촌에서 이태원을 매일같이 걸어 다녔습니다. 철로 길을 갈 때 기차만이 다니는 다리를 사람들은 철로 한 선로를 택해 두 다리로 걸어 곡예 하듯 목숨을 걸고 건너갑니다. 만약 다리서 떨어져 죽는다 해도 아무도 모르는 시대였습니다.

건너기 전 흔히 철로에 귀를 대고 기차가 오는지 소리를 확인해 보고 건너갑니다. 그날도 귀를 철로에 대보았지만 구분하기가 힘들어 한참을 망설이다 그냥 외줄 타듯 조심조심 걸어갑니다.

그런데 이게 웬걸 3분의 2 정도 걸어갔는데 저 멀리서 갑자기 '뻑~'하는 악마 같은 기적 소리에 놀라 '뛰어내릴까 아냐 천 길 낭떠러지인데… 그리고 난 헤엄도 못 쳐. 그럼 뛰는 거야. 걸음아 날 살려라.' 100미터를 단 몇 초에 달리듯 뛰어 땅에 도달한 순간 경사진 밑으로 굴러 엎어지려는 찰라 태풍 같은 기차는 '회~헥' 지나갔습니다.

기적이었습니다.

그러나 나는 기적이 아니었습니다. 내가 사는 삶의 방식이었지. 그것이 기적이라거나 외롭다거나 슬퍼 울거나 그런 것이 내 안에 배제되어 있지 않았기에 삶은 외로움을 고독으로 승화시킬 필요조차도 없었습니다.

어릴 적 원초적 고독의 침묵이 담고 있던 이 한 사건을 이제는 알리고 싶습니다.

그건 기적이라고!

난 오늘 비로소 내 어릴 적 영혼이 하늘처럼 맑아 보임을 알았습니다.

"사람이 하늘처럼 맑아 보일 때가 있다
그때 나는 그 사람에게서 하늘 냄새를 맡는다"

법정 스님은 '하늘 냄새'라는 시에서 영혼의 향기를 이렇게 노래했습니다. 외로움을 고독으로 승화시킨 침묵의 삶은 하늘처럼 맑아 어린 영혼의 향기는 기적을 낳았음을 먼 훗날 오늘에 와서야 알았습니다.

수필

 고독은 낭만 나부랭이로 보일 수도 있습니다. 외로움은 홀로 혼자이기에 위로와 사랑이 필요하지만, 고독은 침묵과 더불어 소통하므로 더 이상 위로와 사랑을 필요로 하지 않습니다.
 외로움은 타인의 고통을 품지 못하지만 고독은 타인의 고통을 품습니다. 외로움이 영글 때는 육신이 처절하게 흐느끼지만 고독이 영글면 영혼이 벅차 흐느낍니다.
 그러므로 나는 지금도 고독 예찬론자입니다.

박은선 시인·시낭송가, 국제펜한국본부회원, 시집 『바다에 달을 만나기 전』

통바이 헤이*

　태토의 흙을 긁어내던 그곳, 언젠가는 가봐야겠다는 수년간 품어오던 생각이 본격적으로 뜨겁기 전의 초여름에 현실로 다가왔습니다.
　가현 아리타시 도요는 일본 도자기의 시조始祖 마을이다.
　입구에 들어서자 마치 우리네 70년대 소도시처럼 자동차 한두 대 지나갈 정도의 중앙길이 있고 양옆으로 목조건물이 단층 또는 이층으로 이어져 있다. 사이사이 골목길들이 있으며 좁은 수로들이 개울물처럼 눈에 띄일 때면 돌다리도 나타난다. 정겨운 시골풍경을 둘레둘레 걷다보면 몇몇 곳은 목조건물 안에 유럽풍 도자기 전시를 하여 이 내부는 영국인가 싶을 정도로 우아하게 꾸며져 있다. 몇 건물을 지나자 통바이 헤이라 부르는 아름다운 돌담길 초입이다.
　자연스레 세월의 색을 입힌 돌들. 도공의 눈물, 거친 태토가 묻은 손이 닿았을 돌들, 총천연색 일상들이 표면으로 튀어 올라 낙하하며 사멸 당한 삶의 색채가 오묘하리만큼 아름답다. 하나하나 더듬어가며 자기장의 숨결을 느껴보려 한다.
　아리타 마을의 돌담길을 따라 내장으로 파고 들어가듯 내 자신 속으로 눈을 감고 깊숙이 침투해본다. 물과 섞인 내장들이 회오리쳐 푸른 줄기를 따라 신경을 건드려 꺼내고 정수리까지 차올라 한바탕 난장이 된다.
　내가 이삼평이 되고 백파선이 되어보고 이름조차 남길 수 없었던 사기장이 된다 해도 태토를 발견한 도조의 속인들 알 수 있으랴. 세월의 굴곡을 담장에 새겨 이끼 오르고 돌 틈 사이로 삐죽이 내다보는 죽쟁이들, 사기장의 기술을 힐끗 훔쳐보며 모조품을 탄생시키려는 족발의 민족이 기어오르는듯하다.

수필

    발바닥에 고인 고름들을 씻어내고 반 틈이나 남았을성 싶은 손가락을 흔들어대던 고랑물.
    그러함에도 사족이었던 발가락들이 이리 넝쿨 저리 넝쿨 휘어 차더니 고령토에 몸담아 정박해버렸을까. 슬라브는 내 것 인양 넝쿨진 씨 뿌린 후손의 손들이 벽을 더듬어 원래가 우리 것 인양 입꼬리가 올라 있다. 마음 心이 슬금슬금 기어올라 양을 채우다 보니 배가 불렀던지 기와 가죽을 만들어 정원을 꾸몄구나.
    아! 물길도 아름다운 아리'따'
    둘레둘레 눈을 맞추는 곳마다 기와가 누른 고령토의 거칠고 굵은 마디의 손들이 아파한다. 관절이 붓고 깊게 파인 이마의 주름이 허리를 펴지 못한 채 이곳에서 촌락을 이루게 되었겠지. 다리를 건너다보면 끌려온 사기장들의 경계선에 서서 고국으로 돌아가길 소망하며 애타하셨던 분들, 그래도 도공으로 추대받으며 이들의 치하가 낫겠노라며 머무르는 자들의 양 눈을 멈추어본다.
    빛이 좋다. 누군가의 양산이 빛의 조화를 기다리고 있다.
    아리타!
    이름도 아름다운 아리 '따'!
    마음도 아름다워 이곳에서는 추대받았을 도공들은 정작 조선의 땅에서는 천대받았던 사기장 이었다고 한다.
    끌려가서 성공한 도예가. 끌려가서 고국을 그리워하다 이름마저 손실된 사기장들. 머무르다 아리타를 선택해 민화가 되어버린 사기장들의 마을은 곧은 굴뚝이 침묵한 채 내려다본다.
    원을 그리듯 아리타 마을을 더듬거리며 붉은색 벽돌의 굴뚝 수를 하나둘 세다 보니 두어 시간이 훌쩍 지나 버렸다. 서둘러 옛 도공들의 생활을 어깨 뒤로 보내며 무거운 발걸음을 옮겨 도공의 시조 이삼평의 묘를 찾아 나선다.
    마을을 휘돌아 내려오면 왼편으로 우리 민족을 기다리기라도 하는 듯 낡은 조그만 간판이 있다.

『1.1km 이삼평 묘 300m 도조를 모시는 신사*(도잔신사)』

화살표를 따라 몇십 개로 이루어진 옛 돌계단을 오르다 보면 철길을 만난다. 눈앞의 신사는 경사면에 있고 두 줄 철길은 두 갈래 마음 같이 버티고 있는 듯하다. 철길 너머의 곳과 철길 안쪽의 비밀스러움을 나눈 듯, 이런 생각에 사로잡혀 있다 보니 시끄러운 종소리! 쇠 종소리가 딸랑딸랑 울린다.

조금 있으니 옛 기찻길에 푸~푸욱 뿍 요란하게 내듯 코앞으로 다가와 십년감수 했다. 난 아직 가족 곁에 있어야 하는데, 타국에서 그것도 가꾸지 않아 무성한 풀길의 철로 위에서, 퍼뜩 정신 차리고 육중한 도리이* 앞까지 계단을 오른다. 열심히 입구 도리이를 닦고 계신 노인 한분이 목 인사를 한다. 몇 개로 이어진 붉은 색 도리이를 거쳐 위풍당당하게 자리하고 있는 도조의 신을 모시는 곳을 마주한다. 번주에 의해 아리타에 정착하여 도자기의 시조가 된 이삼평 묘역은 왼쪽 편의 계단을 따라 가파르게 올라가다 보면 조그만 신사가 하나 더 있고 그 옆에 돌로 된 석등이 폐허처럼 미생들과 자리를 잡고 있다. 왼편으로 겨우 한 사람 올라갈 수 있는 수풀 속의 흙길이 오래도록 관리를 안 했는지 이 길이 맞나 싶을 의구심이 든다. 표지판도 없으니 길이 아닌 것 같은 좁은 길에 벽돌이 깨져있고 뱀이라도 나올 양 싶다.

숲길 지나 시멘트 길이 나온다. 세 번의 휘어진 길을 걷고 계단을 오르니 위풍당당한 이삼평 도공의 시조 묘(도조)를 본다. 세월의 무상함은 석조에 박힌 검은 형체가 말해주고 있었다. 아리타 마을을 한눈에 내려다보니 이름 없는 고름진 손과 발의 자기장들이 단아한 민족의 아름다운 마음으로 고요히 반기는 듯 푸른 하늘 아래 이곳이 있음을 위로라도 하는지 어제보다 짙푸른 하늘과 햇살을 내품는다.

*도리이-일본에서 신성한 곳이 시작됨을 알리는 관문으로 흔히 신사 앞에서 볼 수 있다.[출처-위키백과]
*아리타에서는 도공이라 칭하지만 조선에서는 사기장, 자기장 또는 장인이라 호칭 한다고 한다[출처- 네이버 백과사전]

수필

*통바이 헤이-돌담길
*도잔신사-일본 사가현 아리타정에 있는 신사로 1592년 정유재란 때 잡혀간 조선의 도예공 이삼평(李參平,출생미상~1655)과 번주였던 나베시마 나오시게를 모시기 위해 1658년에 만들어졌다.

박용유 장산스님, 수필가, 동국대학교 불교대학 선학과 졸업, 저서 『조주어록 석의』 상하권, 산문집 외 화엄경 100일 법문.

스님은 어디로 가십니까?

"스님은 어디로 가십니까?"
"예? 나도 모릅니다."
"스님이라면 어디로 가는 것은 아셔야 하는 거 아닙니까?"
"……."
나는 빙그레 웃으며 묵언의 대답을 한다.
"스님이 되면 무엇이 좋은가요?"
"다 좋지요."
"어떤 것이 좋습니까?"
"집 살 걱정하지 않아서 좋고, 등기할 땅 없으니 세무서 고지서도 없고요. 가족 먹여 살릴 일 없으니 돈 벌 걱정하지 않아서 좋습니다."
나의 대답에 그가 고백하듯 말한다.
"스님 사실은 저도 입산하려고 한 적이 있거든요. 그런데 하지 못했어요. 젊었을 때 저어……, 태백산 어느 암자 절에 가서 행자 노릇도 해 봤습니다. 맨날 일만 시키고 해서 그냥 산에서 내려왔지요. 불교가 좋은 거 같은 것은 분명한데……, 제가 뭐, 분별심이 많습니다."
하며 묻지도 않는데 시골 노인의 인사를 한참 동안 들어주었다.
노인은 나의 친절 같지 않은 친절이 고맙고 반가웠던지 나를 붙들고 점심을 사겠다고 자꾸 소매를 잡아끄는 것이다.
얼마를 걸었을까. 사방기념공원을 지나 칠포에 도착하니 마침 주변에 점심할 만한 작은 식당이 보였다. 보리밥집이었다. 요즘은 보리밥이 귀할 때이니 그것도 괜찮다. 노인이 나를 보며 묻는다.
"스님 보리밥 좋아하십니까?"
그는 점심 대접한다고 말해 놓고 보리밥집이 마음에 걸린 모양이다.

"예, 좋습니다."

나는 그의 염려를 놓아주고 싶어 흔쾌히 대답했다. 우리는 식당에 들어가 보리밥을 시켰다. 보리밥에 강된장을 넣어 썩썩 비벼 먹으니 풍성한 공양이 따로 없다. 수십 년 전 기성세대는 보릿고개 시절을 기억한다. 가난을 상징하는 그 보리밥이라도 먹을 수 있다면 그 자체만으로도 행복이었던 시절이었다. 그 시절을 생각하면서 먹는 보리밥은 하나의 추억을 먹는 것과 같았다. 밥을 먹다가 앞의 노인을 가만히 바라보니 보통 분이 아닌 것 같다. 세상 물정 돌아가는 것과는 거리가 먼 것 같아 보인다. 삶이란 별거 아니라느니 죽음까지도 별거 아니라고 말하는 것에서……, 그의 눈빛은 형형하고 목소리는 우렁우렁한 것이 한 세계를 초월한 것처럼 보인다. 나는 마치 어느 선사 앞에 앉아 있는 것 같은 느낌이었다. 그가 느닷없는 질문을 한다.

"스님은 다 아시지요?"

"예? 뭘~ 알아요? 아무것도 모릅니다."

"왜 그거 있잖아요. 도 통하는 것……, 도 통하면 다 안다고 하던데요……."

나는 저절로 나오는 미소를 지그시 누르며 노인에게 이렇게 대답했다.

"노인이야말로 다 아시는 분 같습니다. 저는 도 근처에도 못 가봤습니다. 아예 도를 생각해 본 적도 없습니다."

하고 말하니 노인은 빤히 나를 쳐다보면서 말한다.

"왜 있잖아요. 달마인가 뭔가 하는 그분이 인도에서 동쪽으로 와서 벽상壁上에 조롱박 하나 걸어 두고 갔는데 뭇 승려들이 지금까지 그 벽상의 조롱박 때문에 논란이 많다고 하던데……, 스님 뜻에는 어떻습니까?"

하는 것이었다. 정말 예사롭지 않은 질문이었다.

"아 그거요? 달마 대사께서 허리춤에 달고 이미 서쪽으로 갔습니다. 혹 있다면 벽상의 조롱박은 아마 눈 밝은 자가 가져갔을 겁니다."

"그 조롱박에 무엇이 있습니까?"

"모릅니다. 그리고 가져가야 아무 쓸모 없습니다. 노인께서는 그것을 어찌 아셨는지요?"

내 물음엔 답도 아니 하고 그가 일어선다.

"에이……, 점심 잘했습니다."

하고 먼저 나가는 것이었다. 점심은 자신이 사고 나보고 점심 잘했다는 인사까지 하고는 뒤도 돌아보지 않고 가는 노인의 등 뒤를 나는 머주룩하니 바라만 보았다. 그런데 그 노인의 뒷모습은 광채가 나고 걸음걸이 속에 지금까지 살아온 삶의 흔적이 보이듯 하였다. 참, 사람은 알 수 없는 존재다.

수필

박길동 시인·수필가, 인사동시인협회 부회장, 한용운문학상 외, 시집 「밤나무집 도령」

몽테스키외의 '법의 정신'을 지켜야 한다

대한민국은 자유민주주의 국가이다.

우리나라 헌법 제1조 제1항에 [대한민국은 민주공화국 이다] 제2항 [대한민국의 주권은 국민에게 있고 모든 권력은 국민으로부터 나온다]로 명시하고 있으며 三權分立의 헌법제도에 의한 통치국가이다.

三權分立은 1748년 프랑스 루이14세가 사망하고 루이15세가 즉위한 후 프랑스왕국의 [앙시앵레짐]은 여러 부분에서 파열음을 일으켜 당시 보르드 지방법원장이었던 몽테스키외가 최초로 입법권 사법권 행정권으로 권력을 나누는 삼권분립설 입헌군주제도론 등을 전개하는 한편 전체주의를 극력 공격하면서 法은 각국의 여러 환경에 적합한 고유한 것이야 한다고 주장했다. 그의 이런 주장은 인권선언과 미국에 영향을 미쳐 최초로 미국에서 삼권분립제도 헌법을 채택했다.

삼권분립과 법치주의의 완성자인 몽테스키외의 저서 [法의精神] 서문에서 "명령하는 사람이 자신이 명령해야 할 내용에 관해 충분한 지식을 갖추고 또한 그에 복종하는 사람이 복종하는 일" 자체에서 새로운 기쁨을 발견하게 할 수 있는 일이 내게 가능하다면 나 스스로는 나 자신을 가장 행복한 사람이라고 믿게 될 것이다라고 역설하였다.

'법의정신'은 삼권분립(separation of power)과 견제와 균형(check and balances)이라는 개념이라고 정의했다. 루이14세가 죽고 난 뒤 프랑스의 절대 왕정이 쇠퇴와 혼란한 시기 몽테스키외는 [페르시아인의 편지]에서 "사람들은 자신이 나쁜 상태에 놓여 있음을 느끼고 있지만 그를 개선하기 위해 무엇을 어떻게 해야 할지 알지 못한다"라는 말로 당시의 불안을 감지하고 있었다. 그렇다면 우리나라의 현재 상황은 어떠한가?

자유민주주의의 근본이고 기본이 되는 三權分立의 憲法에 의한 국가운영이 제대로 되지 않고 있는 것이다.

앞에서 언급한 바와 같이 삼권분립이란 견제와 균형에 있는데 지난 2016년 4.13. 제19대 국회의원 총선거에서 집권당의 공천 파동으로 당시 여론으로는 집권당이 300석 중 180석 의석을 확보하게 될 것이란 기대를 저버리고 여소야대의 결과가 나오면서 야당에 의한 입법부 의회 권력이 무소불위 권력으로 자리 잡게 되어 버렸다.

물론 그 이전 18대 국회에서도 與大 野小 국회의석 상황이었지만 국회선진화법이라는 것을 제정해놓고 이를 핑계 삼아 행정부에서 요구하는 경제 살리기 위한 입법발의 등 법 제정을 요구했음에도 여야의 이해타산으로 상정조차 못하고 있을 뿐만 아니라 국회의장이 임의 상정할 수 있는 권한이 주어졌음에도 보신주의와 위세를 견지 직권상정을 포기함으로써 견제와 균형을 잃게 되어 국정이 정상적으로 되지 않는 상황이었는데 제19대 국회에서는 보다 더 큰 장벽에 부딪히게 되었다.

여소야대의 상황이 되다 보니 야당이 입법부 의회 권력을 독점하게 되어 행정부와 사법부 간에 견제 아닌 물리적인 힘에 의해 국사를 좌지우지함으로써 삼권분립의 정신인 견제와 균형을 붕괴시켜 입법부의 시녀로 전락하였다.

타당하지도 않은 법을 입법 발의하고 법을 제정하는 등 의회 편리한 대로 국사를 속된 표현으로 손안에 넣고 만용을 부리는 단계에 이르렀다.

또한 지난 20여 년간 좌우파가 10여 년씩 교체 집권 하면서 국가 핵심기관의 주요 인사에 밀물과 썰물이 교체되면서 국가와 사회적 기능이 극한대립으로 가는 현상이 노골화되고 법 집행에 저울균형 추를 잃게 되었다.

특히 국가 기강을 바로 하여야 하는 마지막 보루인 사법부의 역할이 중차대한데, 그 또한 위에서 지적한 바와 같이 좌우의 정권이 교체를 이루면서 기존의 대한변호사회 단체가 있음에도 이에 대칭 해서 민주

수필

변호사회의 단체가 설립 등장하게 되었다. 물론 자유민주주의 국가에서 헌법이 보장하는 한 단체와 법인을 조직 활동할 수 있다.

그러나 그 단체들이 선의 경쟁과 룰(규정) 테두리 내에서 국가와 국민을 위한 단체조직으로 활동하면 더 바랄 것이 없다. 다만 현실이 그렇지 않고 적대적인 대척 관계에서 모든 사항이 자행되고 있음을 볼 수 있다.

그들도 정치판의 정치세력과 같이 좌우로 양극화로 대립되어 사회 곳곳에 법률적으로 영향을 미치고 있다는데 심각한 문제가 있다. 자유민주주의의 꽃이라고 할 수 있는 견제와 균형의 삼권분립 [법의정신]이 우리나라에서는 실종되고 버려진 지 오래되었다.

그 대표적인 예가 부끄럽게도 세계 이목을 집중시키고 국내외적으로 관심사였던 우리나라 대통령이 헌법재판소 탄핵 소추되어 재판을 받았다.

현재 우리나라 제20대 대통령은 헌법 절차에 따라 5년 단임제 대통령으로 국민의 선거에서 다수 득표에 의해서 선출되었다. 그러면 헌법에서 명문으로 규정한 외환 및 내란에 의하지 않고 탄핵 소추나 형사입건 등 재직기간에 할 수 없도록 규정하고 있다.

나는 법을 전공한 사람이 아니라 정확한 내용은 모른다. 그런데 과거 경험을 많이 쌓은 법조계 원로 분들과 많은 학자분들도 탄핵 소추 과정과 결의 절차, 재판과정의 변론과 평의 등. 그리고 재판관 8명의 전원 일치 탄핵인용 판결선고에 이르기까지 헌법에서 규정한 재판이라고 동의할 수 없다고 조목조목 반박의견을 내놓은 바 있다. 물론 타당하다고 생각한 분들도 없지 않지만, 정치적인 성향인지는 확인할 수 없다. 이번 대통령 탄핵의 쟁점 하자로서

1. 대통령이 통치를 하면서 헌법을 위반사항이 없다.
2. 국회에서 탄핵 소추 발의 및 국회 표결에 하자가 있다.
  가, 소추 내용에 대한 고지(알림)를 하지 않았다.

나. 각각의 소추 내용에 대한 찬반 토의가 없었다.

다. 표결 시 각각의 항목에 대한 찬반 표결 부의를 하지 않았다.

라. 재판 도중에 헌법재판소 주심재판관의 지적에 따라 소추 내용 재작성 후 헌법재판소에 제출토록 하였으며, 제출 시 앞의 내용과 절차를 거쳐 재판소에 제출 하여야 하나 절차가 생략되었다.

*집권 여당의 국회의원이 이해득실에 따른 여당의원 자체반란으로 국회통과 정족수 이상을 채워 가결에 일조했다.

3. 헌법재판소의 재판에 하자가 있다.

가. 구성원 정족수 9명 중 1명 미달; 삼권분립 원칙에 위배 된다.

나. 헌법 재판하기 전에 국회에서의 탄핵 소추의 하자 발견 시 각하하여 국회에 환송해야 하나 이를 묵인했다.

다. 헌법재판소 재판 도중에 주심재판관이 국회 소추 결의서 내용에 하자를 발견하였으면 각하하여 환송해야 하나, 자문 역할하여 재작성 제출토록함으로써 국회와 헌법재판소가 합한 것으로 볼 수 있다.

라. 판결선고 내용에서 곳곳에서 대통령의 일반적인 통치 행위를 위헌적으로 엮어서 판결선고했다는 평가와 의견이다.

마. 재판관 구성원 총 8명의 재판관이 한 사람도 異論 없이 전원 만장일치의 판결한 것은 납득하기 어렵다.

바. 피소추 인에게 증거신청을 기각하거나 변론할 수 있는 시간을 박탈하였다.

*헌법에 탄핵 소추, 평의 판결의 기간이 180일 보장 되어 있음에도 충분한 검토와 변론이 무시된 채 특정 재판관의 임기와 국회 및 특정 정치세력 요구에 부응하는 판결로 종결지었다.

그 외 요소로 탄핵 소추된 내용 수사를 위한 특수검사가 출범했는데 구성원 전원이 여당을 배제하고 야당 추천인으로만 구성되었다는 문제점과 그 특수검사가 특별검사법에 규정한 범위를 벗어나 무소불위 권력을 남용함은 물론 수사과정에서 상당한 인권침해가 있었다고 한다. 뿐만 아니라 수사 도중에 고00 씨의 애정행각에 의한 특정인을 이용해서 국가세금을 갈취하거나 이권에 개입하여 한몫하려는 단서와 증거를 발견했음에도 그는 특별히 보호해주는 어 처 구니 없는 일이 일어났다.

그 사항을 발견했을 당시 탄핵 소추와 관련된 수사를 멈추고 그에 대한 수사로

수필

전환했어야 했는데 악의를 가진 수사라 아니 할 수 없다. 어디 정상 국가라 할 수 있겠는가?

한편으로는 신문이나 방송이 사이비 언론처럼 사실이 아닌 것을 사실로 거짓된 내용을 생산해서 보도함으로 국민을 속임으로 혼란에 빠뜨리고 특정세력 정치인들이 함께 선동하여 거대한 특정세력이 광화문광장을 점령 촛불 집회를 함께하여 헌법재판소를 압박하였다. 이에 늦게 서야 진실을 알게 된 보수우파 국민들이 태극기를 들고 시청 앞 광장으로 모여 반대 집회로 국가의 기강이 땅에 떨어지고 국가는 혼돈 속으로 접어들어 안위를 걱정하지 않을 수 없게 되었다.

위에서 언급한 정황들을 종합해 볼 때, 헌법을 최 일선에서 준수해야 할 기관과 개인이 법을 어기고 행동과 행위를 일삼았다. 무소불위 입법부 의회가 권력을 독점함으로써 자유민주주의 존엄과 꽃이리라 할 수 있는 삼권분립의 견제와 균형이 무너졌다. 헌법수호의 최후 보루인 헌법재판소가 이를 막아 주지 못했다. 특수다수의 정치세력, 여소야대에서의 야당국회 의회 권력에 민주주의의 최고의 가치인 [삼권분립] 이 송두리째 뽑혔다.

우리는 다시 일어나야 한다. 총궐기하여야 한다. 삼권분립을 쟁취해야 한다. 자유민주주의 근본이며 기본이 되는 '삼권분립'의 견제와 균형을 이루수 있는 [법의 정신]을 기필코 지켜 내야 한다. 반드시 반드시.-

*2017년 3월 10일 금요일 11시21분 헌법재판소 대통령 탄핵재판에서 이정미 헌법재판소장 권한대행을 포함한 8명 전원 일치 탄핵인용 선고를 보면서-

김영탁 수필가 · 소설가, 강남문인협회 회장, 서울특별시문학상 외, 수필집 『가는 歲月 남은 情』 외.

배신의 정치
- 유승민의 3판 도전

3판 양승제는 가장 민주적인 승부 가리기다.

이글은 특종의 일간신문, 박근혜 전 대통령(이하 박통)의 회고록 『어둠을 지나 미래로』, 그리고 창작자료 스크랩북을 참고로 한 수필이다.

박통의 탄핵은 사상적 갈등이 빚어낸 결과물로 보는 식자가 많았을 터이다. 이는 바꾸어 말하면 탄핵을 당할 만큼의 직접적인 실정失政이 없었다는 소리다.

문학작품에 정치 이야기를 섞으면 독자가 화를 낸다. 그러나 이 글 속에는 꼭 집어서 밝히고 싶은 내용이 담겼다.

박통의 탄핵은 단적으로 유승민의 배신 정치가 촉발시킨 결과물이다. 박통의 회고록에 나오는 말이다. 필자가 의역한 부분이 없지는 않은 터이다. 북한 문제나 국가보안법, 전교조 등의 문제를 놓고서도 열린우리당(이하 열당)당과 비슷한 생각을 하는 사람이 꽤 있었다. 버티는 열당과의 협치는 절대 불가하니 타협을 하자는 의견도 나왔다.

정의화 국회의장은 어느 당 출신인지 모를 정도로 청와대와 거리를 뒀다. 유승민 원내대표는 교섭단체 연설에서 같은 당 정부의 핵심정책과 대통령의 중요 공약을 부정하는 모습을 보였다. '1998년 금배지를 달고 여의도에 입성해보니 같은 당에서도 아버지에 대해 부정적 인식을 가진 사람이 상당히 많다는 걸 알게 됐다.'고 했다. 유승민도 그 하나였다. 그런 인사들은 본능적으로 박통이 하는 일에 반감을 품었다. 한마디로 가시밭 속의 출발이었다는 것이다.

열거하면 이렇다.

첫 번째가 당명이다. '한나라당'의 당명을 '새누리당'으로 바꾸는 과장에서 유승민이 꼬리를 달아, "당명에 당의 가치와 정체성이 없다. 종교적 색채가 너무 강하고 풍자나 패러디의 대상이 될 수 있다며 공개적 비판을 했다. 당명과 당색을 바꾸는 과정에서 가장 강하게 반대한 사람이 유 의원이다. 당시 유승민은 박통 비서실장의 신분이었고, 박통은 비상대책위원회 위원장의 신분이었다. 유승민은 박통이 바꿔 놓은 당색黨色이 싫다며 국회의원 선거 내내 붉은색 넥타이를 매지 않을 만큼 박통의 정치 노선에 반기를 들었다.

어떤 이름을 내놓아도 어색하고 쓰기 쑥스러울 수 있지만 정들면 친근해지는 것이라고 설득을 했다. 이날의 반대 발언은 박통을 향한 유승민의 첫 공개반발로 기록됐다. 그 이전부터 의견의 차로 인해서 두 사람 사이에는 가고 있었다고 보아야 한다.

유 의원은 전당대회 당시 출마선언문에서 "한나라당은 노선과 정책의 새로운 지향을 고통받는 국민에게 줘야 한다. 식의 이견異見을 보였고, 일부 국회의원은 이에 회의를 느끼기 시작한 것이다. 글을 쓰는 우리로선 한나라당 못지않게 새누리당이 시선하고 좋았다.

'나라'라고 하는 국가의 뜻을 가는 명사에 크다는 '한'을 접사로 보태어 '한나라당'이라고 했듯이, 세상世上이라고 하는 이름씨에 새로움의 뜻을 가진 '새'를 붙여 '새로운 세상'을 의미하는 뜻의 '새누리'는 한글을 깨친 국민이라면 좋아할 이름인 것이다. 정체성 운운은 무식쟁이나 하는 소리다.

두 번째는 외교통일위원회 국정감사 때다. 두 번째 실수는 가까이 있으면 뺨 맞을 소리다. 청와대 일원에서 근무하는 비서진을 두고, '얼라'라니, 얼라의 속뜻은 코흘리개처럼 어리다는 소리다. "장기적 전략 부재 때문에 생긴 혼란, 이거 누가 합니까. 청와대 얼라들이 하는 겁니까?" 있어서는 아니 될 말이다. 박근혜와 그 측근을 싸잡아 비하한 언사이다.

유 의원이 국회 국방위원장 시절, 박통의 핵심 공약인 비무장지대 세계평화공원 조성에 대해 "굉장히 황당한 단계"라고 비꼬았다. 그리고 국회 외교통일위원회 국정감사에서 독기를 보이고 만 것이다. 하나 여기까지만 해도 끊어진 교량의 복구가 가능했다.

결정적 사달은 국회 권한을 강화한 국회법 통과였다. 국회 권한을 강화한 국회법을 통과시킨 유승민(당시 원내대표) 의원을 두고 박근혜 대통령의 입에서 배신의 정치라는 말이 나오게 되었다. "신뢰를 어기는 배신의 정치를 국민이 심판해 주셔야 한다"고 했다. 그러자 유 의원은 "정치생명을 걸고 '대한민국은 민주공화국'임을 천명한 헌법 제1조 1항의 지엄한 가치를 지키고 싶었다."고 항변을 한 것이다. 국회법을 고치는 과정에서 유 의원은 박 대통령의 전화 시도마저 차단하는 태도를 취한 것이다. 국회법 공무원연금법 개정합의의 부대조건으로 국회법을 개정하기로 합의했다는 것이다. 대통령에 대해 국회가 수정□변경권을 갖도록 국회법을 고쳤다는 뜻이다.

유승민에게 던지는 질문이다. □대통령의 국정 수행을 보좌하기 위해 당이 필요한가. □당의 존재와 보전을 위해 대통령이 필요한가? 주석 달지 말고 □과 □중 선택해보라.

박근혜 대통은 훗날 회고록을 통해 본인이 말한 배신의 정치는 유승민 아닌 국민에 대한 배신이라고 해명했다.

협의 과정에서 여러 의견이 나오는 게 의회정치다. 최종판단은 최고 책임자가 내린다. 자기의 주장이 관철되지 않는다고 이에 맞선다면 애초부터 협의는 불필요한 것이다. 백번을 생각해 봐도 유승민의 잘못이다.

옥쇄 파동은 4류 정치의 표본이다. 유네스코 등재감이다. 대한민국 정치 수준이 이 정도다. 이웃 나라에 부끄럽다. 일개 당 대표라는 자가 공천장에 날인을 거부하고, 옥쇄를 들고 도망을 다닌다니 지구촌에서는 처음이자 마지막이 되기를 희망한다.

수필

김동출 42년간 초등교직에서 정년 퇴임, 2021 《월간신문예》 시 부문 당선, 제9회 에스프리 문학상 수상.

"놀멍·먹멍·쉬멍" 제주도 여행기

특별한 인연을 가진 세 친구 부부가 한팀이 되어 지난 4월 15일부터 4월 20일까지 5박 6일 동안 제주도 여행을 다녀왔다. 1976년 J 교육대학을 졸업한 동기생인 우리 세 친구는 오래전부터 같은 지역에 살면서 가끔 부부 동반 여행도 함께 다녀온 친숙한 사이다. 여행 업무의 역할 분담은 여행 일정을 기획하고 준비한 친구 J가 대장을, 여행 마니아며 Best 드라이브인 Y가 현지에서 빌린 카니발 운전을 그리고 필자가 사진 촬영과 기록을 맡았다.

우리 일행은 4월 15일 오전 11시 40분에 김해공항에서 대한항공에 탑승하여 오후 1시경에 제주국제공항에 도착하였다. 제주국제공항은 국내외 여행객으로 발 디딜 틈이 없이 혼잡하였다. 짐을 찾아 바깥 통로로 한참 걸어 나와 버스를 타고 렌터카 사무실로 가서 예약해 둔 7인승 카니발을 대여하여 제주도 여행 시동을 걸었다. 차창 너머로 보이는 4월 중순의 제주도는 찬란한 봄꽃 향연을 펼친 흔적만 띄엄띄엄 남아있었다. 바다로 내려앉은 넓은 개활지 오름 사이의 수목들은 벌써 싱그런 신록의 옷을 갈아입고 있었다.

첫날과 둘째 날의 숙소는 애월읍에 있는 독채형 한옥이었다. 산속에 위치하여 주위 환경이 조용하고 아침저녁으로 숲속에서 청아한 새소리가 귀를 맑게 하였다. 목재로 지은 숙소는 온돌바닥에 천정이 높아 공기도 신선하여 수면 환경이 쾌적한 한옥 스타일의 펜션이다. 공용실에는 아침저녁을 간단히 해결하고 인근으로 관광 나갈 수 있도록 토스트, 라면, 달걀 등의 먹거리와 취사용 전자레인지가 놓여 있다. 이곳에서 머문 이틀 동안 아침과 저녁은 공용실에서 토스트와 라면 또는 햇반으로 간단히 먹고, 점심은 관광지 인근 식당에서 해결하였다. 이곳에 머무는 동안 일행은 ♤상가리야자숲 ♤애월읍 양떼목장 ♤한라수목원을 다녀왔다. 상가리 야자수 숲은 제주도의 숨겨진 명소로 다양한 포토존이 마련되어 있었다.

제주시 연동 광이오름 기슭에 자리 잡은 '한라수목원'은, 제주의 자생수종과 아열대 식물 등 1,100여 종의 식물이 식재되어 전시되는 수목원이다. 5만 평에 달하는 삼림욕장 1.7km의 산책코스로 오름 정상까지 올라갔다 내려오는 코스로 조성되어 있다. 한라수목원은 제주의 아름다운 자연을 느끼며 휴식을 취하기에 아주 좋은 장소였지만 일정에 쫓기는 일행에게는 아쉬움이 남는 곳이다.

다음 여행 일정으로 삼 일 밤을 보낸 숙박지는 서귀포의 R펜션이다. 내부 시설에 세월이 묻어있었지만 정작 여행객에게 필요한 와이파이도 잘 터지고 전자제품 작동도 잘 되었다. 아침에 일어나 펜션 주위를 살펴보니 소나무 숲사이로 눈부신 아침 햇살이 비치는 풍경은 이국적이었다. 키 큰 야자수가 지키고 있는 펜션의 이국적인 풍경을 배경으로 기념사진을 남긴다. 이곳에서 머무는 동안 조식은 사무실에서 구매한 쿠폰으로 구내 카페에서 양식으로 해결하였다.

〈제주도립 김창열 미술관〉에서 전시관 벽면에 설치된 화면으로 김 화백의 대표작 물방울을 극사실적으로 묘사한 '물방울' 시리즈 중 회귀(Recurrence)를 영상으로 감상할 수 있었다. 물방울과 한자 문자를 결합하여 독특한 조형미를 보여주는 그의 작품에 한참 동안 빠져들어 시간 가는 줄도 몰랐다. 〈제주곶자왈도립공원〉에서는 제주도 자연을 온전히 느낄 수 있다. 곶자왈은 '북방한계 식물과 남방한계식물이 공존하는 세계 유일의 숲으로 다양한 희귀식물이 자생한다'라고 하지만, 우리 일행은 곶자왈의 생태계를 제대로 체험할 수 있는 시간의 여유가 없었다. 우리 부부는 30분 코스인 '서광리 곶자왈 생태탐방로(약 2.3km)를', 다른 두 부부는 왕복 1시간 거리인 '화순 곶자왈 생태탐방 숲길'을 탐방하였다. 우리 부부는 '제주 곶자왈 도립공원전망대'에 올라 멀리 바라보이는 한라산과 서귀포 앞바다를 조망하며 신록이 피어

수필

나는 자연의 아름다움을 만끽하며 기념사진을 찍으면서 휴식하였다.

'제주 곶자왈 도립공원' 탐방에 이어 일행은 산방산과 용머리 해안 둘레길을 걸었다. 용머리 해안은 파도의 해식 작용에 깎여진 해안절벽이 용 머리를 닮은 것이 신비롭다. 일행은 다행히 밀물 때를 피해서 탐방하였는데, 앞서가는 젊은이들과 달리 거친 바위를 타고 넘고 건너는 구간에서는 높은 산을 오르기보다 더 힘들고 미끄러워 위험하였다. 좁은 바위구멍을 통해 구간을 빠져나올 때 필자의 아내는 젊은 외국인 여자분의 도움을 받기도 하였다.

제주도 여행 4일째. 목요일에는 〈이중섭 미술관〉과 〈왈종미술관〉을 방문하였다. 서귀포 이중섭 문화거리에 있는 이중섭 화백이 전쟁의 참화를 피해 1951년 1월 부인(마사코, 이남덕李南德)과 두 아들과 함께 서귀포로 피난 와서 머물렀던 초가와 이곳에서 머물며 남긴 수많은 작품이 소장되어있는 [이중섭 미술관]이다. 李 화백이 살았던 초가 1칸은 당시 李 화백 가족의 고생을 짐작하고도 남음이 있을 정도로 협소하여 이런 곳에서 살았구나 생각하니 가슴이 먹먹하다. 말로만 듣던 담뱃갑 속의 은지銀紙에 송곳으로 그려낸 소, 닭, 어린이, 가족을 그린 소품을 대면하여 감상했다. 그의 작품은 평론가들의 말과 같이 동화적이며 자전적인 요소가 강하고 아름다운 제주도의 자연에 대한 깊은 애정을 표현하고 있다. 또한 걸작으로 알려진 〈섶섬이 보이는 풍경〉, 〈물고기와 노는 아이들〉 등 70여 년 전에 그린 작품도 감상할 수 있었다.

〈왈종미술관〉에서는 제주의 풍요로움과 아름다움을 화폭에 담아온 이왈종 화백의 예술 세계를 감상할 수 있었다. 가장 볼만한 작품은 〈제주 생활의 중도〉로 이 시리즈는 제주도의 자연과 일상을 독특한 시각으로 표현한 작품들로, 제주도의 풍경과 사람들의 삶을 유머러스하고 따뜻한 감성으로 그려내고 있다. 미술 평론가들은 그의 작품 속에는 현실과 환상이 어우러진 독특한 구조와 색채가 돋보이며, 자연과 인간, 동물들이 평등하게 공존하는 모습을 그려내고 있다고 한다. 2층

전시실에는 약 90여 점의 작품이 전시되어 있고, 1층에는 어린이 미술 교육실이 마련되어 있어 어린이들을 위한 다양한 미술 교육 프로그램이 진행된다고 한다.

제주도 여행 5일째. 금요일 오전 11시 30분 서귀포에서 해상 유람선을 타고 서귀포 주상절리의 아름다운 해안을 감상한 것은, 제주도 여행의 백미였다. 서귀포항 〈해저해상관광선착장〉에서 출발하여 새섬, 정방폭포, 외돌개, 12 동굴 및 서귀포 해안 절경을 돌아오는 1시간 코스이다. 유람선 이물 우측에서 함께 탄 해설사의 배꼽 잡는 우스갯소리를 곁들인 해안의 주요 명소의 역사, 자연경관에 대한 설명에 귀를 기울이며 해상의 절경을 감상하는 기분은 으뜸으로 시간 가는 줄 몰랐다.

하루 입장 인원이 600명으로 제한되어 있어 사전 예약을 해야 하는 '서귀포 치유의 숲'은 자연 속에서 힐링을 경험할 수 있는 특별한 장소이다. 편백과 삼나무가 빼곡히 자라 숲을 이루고 있다. 이곳은 숲의 환경을 이용한 심신 치유 체험으로, 명상, 해먹 체험, 맨발 걷기 등 다양한 산림치유 프로그램이 마련되어 있다. 이곳에서 우리 부부는 산림치유 프로그램을 택하였고 일행은 '건강 숲길 시오름 코스'를 택하여 숲길 탐방과 서귀포의 아름다운 경관이 한눈에 들어오는 시오름 전망대까지 다녀왔다.

제주도 여행 6일째 마지막 날. 사흘 동안 숙박한 서귀포 R펜션에서 장대같이 쏟아지는 소나기 속에 출발하여 다음 여정인 제주시 용두암으로 향했다. 제주도 중산간 〈1,100도로〉로 한라산을 횡단하여 제주시로 넘어오는 차 속에서 바라본 1시간 동안 산록에 펼쳐지는 신록의 물결은 여행의 압권이었지만, 화려한 꽃 잔치가 끝난 4월 중순의 제주도 날씨는 오락가락하며 제주도의 푸른 하늘을 열어주지 않았다. 어떤 날은 아침나절에 잠깐 맑았다가 낮부터 흐리기 시작하여 오후 코스를 수정하기도 하였다. 궂은 날씨로 마지막 날 오전에 계획한 성산일출봉을 오르지 못한 것은 못내 아쉬움으로 남는다. 주중 내내 제주 하늘은 흐림이다. 돌아오는 하늘길에서 비행기가 제주공항을 선회하

수필

며 제주도를 벗어날 때 비행기 창 아래로 흰 구름에 덮인 백록담이 신비한 모습을 살짝 보여주며 마지막 귀향의 백미가 된다. 그 순간 모두 쾌재를 불렀다.

17년 만에 찾은 제주도는 너무 많이 변해 있었다. 자연은 많이 훼손되어 고유의 원시적 풍광은 하나둘 사라지고 곳곳에 방치된 짓다 만 건물은 가슴이 뜯기는 듯 안타까웠다. 듣던 대로 최근 10여 년 동안 제주도의 자연환경이 난개발로 여러 가지 변화를 겪고 있단다. 특히, 아열대 기후 변화로 제주도의 해양 생태계에도 기후의 영향을 받고 있었다. 대책이 시급하다는 생각이 든다.

저렴한 경비부담으로 끝마친 이번 제주도 여행은 동기간의 우정을 새롭게 나눈 소중한 시간이었다. 동기생으로 교육대학 졸업 후 40여 년 동안 현직에 있을 때는 근무처가 달라 몰랐던 정서적 취향이나 은퇴한 후 취미 활동과 자녀의 성장 등, 이번 여행의 만남을 통해 좀 더 알게 되었다. 공자는 "삼인행 필유아사三人行 必有我師"라 하였다. 세 사람이 모이면 반드시 나보다 나은 사람이 있으니, 그 사람으로부터 배우라는 의미이다. 인생 70의 지기들이 의기투합한 이번 여행은 힘들었지만, 내 삶에 스승 같은 두 친구의 향기로운 인성을 체험한 더없이 소중한 기회였다. 필자는 이번 여행의 추억을 남기기 위해 여행지에서 촬영한 사진을 모아 동영상을 만들고 자세한 일정을 정리하여 "놀멍 · 먹멍 · 쉬멍" 제주도 여행기를 남기고 있다.

고응남 시인·수필가·화가, 인사동시인협회 부회장, 대한예술신문 총재, 전)백석대학교 교수.

복덩이 돌하르방

　제주시 남문 통. 나에게 있어 항상 설레고, 추억의 잔상을 안겨주는 거리이다. 태어나고 어릴 때 자랐던 고향 거리. 어렸을 때 어머니가 토마토 한 광주리 푸짐하게 먹으라고 내어 주던 곳. 생선을 발라주고 해산물을 발라서 내 밥 위에 올려주었던 곳이었다. 살고 있던 집은 남문 통 거리에 있었다.
　초등학교 등하교 시도 이 거리를 이용하였다. 남문 통 거리를 바다 방향으로 걸어가면 이어져서 관덕정이 있는 넓은 광장이 나왔다. 관덕정은 제주에 현존하는 건물 가운데에 가장 오래된 건물이자, 제주도의 대표적 누정 건축으로 건축사 연구의 소중한 자료이다. 더위를 피하고 유흥을 즐기며 주변 경관의 조망을 위해 경치가 좋은 장소에 조성되었던 건축물이다. 돌하르방. 관덕정 여기저기에 그 모습이 보였다.
　아름다운 풍광의 용두암 바닷가. 가려면 제주시 남문 통에서 서쪽으로 걸어서 30분 거리에 있었다. 간혹 갔던 장소이지만. 제주시 서쪽에 있는 제주 공항. 그 당시는 없었지만. 공항 북동쪽 해안에 있는 용두암. 괴암을 응시하고 있자면, 정말로 용이 꿈틀거리는 것처럼 느껴졌다. 용이 포효하며 바다에서 솟구쳐 오르는 형상을 따 용두암이라 이름 지어졌다. 전설에 의하면 인근 계곡 용연에서 살던 용이 승천하려다가 돌로 굳어졌다고 하였다. 겉으로 드러난 부분의 높이가 약 10m, 바다 속에 잠긴 몸의 길이가 30m 쯤 되는 곳이었다. 돌하르방. 용두암 바닷가 가는 길 여기저기에 그 모습이 보였다.
　돌하르방. 곰보의 얼굴을 한 모습, 구멍이 숭숭 뚫어져 있는 모습. 어릴 때 나에게 돌하르방은 그다지 호감으로 보이지 않았다. 커가면

수필

서 차차 친숙하게 된 돌하르방이었다.

약 20년 동안 그림을 그렸는데, 그림 주제는 여러 가지로 변경하였다. 구상적인 그림을 그리다 최근에는, 제주, 특히 돌하르방에 대한 반구상적인 그림을 많이 그리게 되었다. 열심히 그리고 나면, 돌하르방의 모습이 나의 모습과 많이 닮았다고 주위에서 간혹 말한다. 인물 그림은 상대 모델을 그려도 보통 작가 화가의 모습과 많이 닮게 그린다는 얘기를 한다.

나의 주제 복덩이 돌하르방. 모든 이에게 복을 나눠주는 복덩이 돌하르방. 복을 받은 상대방은 또 다른 상대에게 복을 나눠주기를 바라는 마음에서 복덩이 돌하르방 주제를 갖고, 소재는 제주의 자연과 특성을 찾는 그림을 그리기 시작했다. 알게 모르게 나의 그림 의식 속에는 고향의 어릴 때 모습, 친숙한 돌하르방이 내 마음을 차지하고 있었다.

고영문 월간(수필문학) 천료(2011년), 한국문인협회 회원, 제3회 에스프리문학상 수상, 수필집 『감동을 찾아 떠나다』

초등학교 교과서 식물실태

1981년도에 4차 초등학교 교육과정이 전면 개편되었는데, 이는 급속한 산업구조의 변화는 물론 고도산업사회로 발전되리라는 미래사회에 대한 전망에서 교육과정의 시대적 개선을 도모하기 위한 것이었다.

한편, 초등학교 과학과 교육과정 중 생물 분야는 다른 교과와는 달리 전 학년에 걸쳐 생물에 관심을 가짐으로써 환경오염을 줄이고 자연보전의 중요성을 깨닫게 하며, 자연에 대한 기초 소양을 길러 자연을 즐거움으로 대하게 할 뿐 아니라 자연현상을 과학적인 시각으로 보려는 태도를 기르는데 주안점을 두었다.

교육과정 개편에 따라 문교법령 84-8호의 자료 기준령에는 각급 학교에서 비치해야 할 학습 자료가 명시되어 있는데, 생물 자료는 6종이고, 식물에 관련된 자료는 현미경과 식물 채집 도구뿐이었다. 이는 교재원, 수목원 등 학교 환경을 학습 자료화하여 학습에 연결 지도하도록 해야 함을 시사하는 것이다. 그러나 식물은 생명이 있는 생물이라는 특수성이 있기 때문에, 해마다 새롭게 변화해 나가는 것이므로, 매일 매달 조금씩 보완 관리, 보충해야 한다. 그러므로 이에 적절한 관리 운영이 매우 어려운 실정이다.

사실상, 초등학교 식물 분야는 타 분야에 비하여 자료와 지도가 불충분하다고 본다. 물론, 교실 한쪽 구석에 재배 상을 마련해 놓고 몇 개의 화분에 교재 식물을 심어 가꾸고 활용한다고는 하나, 우리 주변에 흔한 식물의 호기심과 관심으로 자연과 친근해지려면, 가까운 교육 현장에서의 체계적인 식물 지도가 뒤따라야 한다. 따라서 우선 초등학교 전 교과서에 실려 있는 식물을 조사 분석하여, 학교 환경 내지는 학급 환경의 일부분을 식물 자료화하는 데 필요한 기초자료를 제공해야 할 요구가 생기게 된다.

수필

이상의 관점으로 초등학교 전 교과서의 식물을 조사 활용하기 위하여
첫째, 학년별 교과별 학기별 월별 식물 출현 실태를 알아보고
둘째, 식물 출현을 식물유별로 그 상황을 조사 분석해 보며
셋째, 학년별 식물 출현 빈도와 식물군별 출현 실태 및 식물명 식물과 군류 식물의 비교 등 식물을 형태별로 분류해 볼 필요가 있다.

이에 따라 초등학교 全 13교과, 70권의 교과서 식물 출현 빈도를 식물명과 삽화를 중심으로 조사해 본 결과 3,467회의 식물 출현이 있는 것으로 나타났다. 좀 더 구체적으로 보면 5학년에서 식물 출현 빈도가 871회로 가장 많았고 2학년에서 639회로 가장 적었으며 월별로는 전 학년 모두 10월에 530회로 가장 많고 2월이 가장 적었다. 식물유별 출현 빈도로는 곡식류, 채소류, 나무류, 화초류, 들풀류, 기타류 중 곡식류가 728회로 가장 많은 출현을 보였다. 출현 형태로는 사진, 그림, 낱말 등으로 나타났는데 1,962회의 낱말 형태가 가장 많았다. 또, 학년별, 학기별, 월별, 교과별로도 분석하였다. 이를 이용하면 학년별 교재원 조성, 학년별 교재 식물도감을 제작 활용할 수도 있을 것이다. 식물분류 계통수를 만들어 봄으로 식물분류의 계통을 이해하는 데도 많은 도움이 될 수 있을 것이다.

결론적으로 전 교과에 출현하는 식물은 216종이며, 총 3,467회의 식물이 출현하고 있었다. 10월에 가장 많고 2월에 가장 적었다. 가장 많이 출현하는 식물은 1학년과 2학년, 6학년은 모두 벼(쌀)이며, 식물명의 낱말출현이 1회도 없는 교과는 6학년의 체육이었다. 최종적으로 학년별 교과별, 월별로 정리하여 하나의 표로 만들고 초등학교 전 교과서에 출현하는 식물명 출현 빈도표가 완성됨으로써 이를 개관해 보기 편하게 되었다. 이를 적절히 이용하면 학년별 교재원 조성과 학년 수준에 따른 교과서와 연계해 관찰, 재배하고 주위 자연에 관심을 가지게 되면 학습에 많은 도움을 주리라 본다.

이를 위해 교과서에 나타난 식물 출현 빈도조사활용은 지극히 필요한 일이 된다. 그 후로 교육과정이 몇 차례 더 개정되었지만 교과서 식물 조사가 개정 때마다 이루어져 학습에 적극 활용 되어져야 할 것으로 생각된다.

김희재 『계간수필』 운영위원, 『수필미학』 편집위원, 산문집 『죽변기행』 외 여행에세이 등.

덤

"덤 좀 많이 주세요"

나도 모르게 불쑥 말하고 보니 입이 참 부끄럽다. 필요한 만큼 돈을 더 주고 샀으면 좋았을 일이다. 염치없이 덧거리를 많이 달라는 내가 딱했는지 채소 장수 아주머니의 뭉툭한 손이 마지못해 마대를 뒤진다. 꼬부라지고 못생긴 파치를 한 움큼 꺼내 봉투에 담는다. 돈 주고는 절대로 사지 않을 물건도 이렇게 덤으로 얻으면 불평할 수가 없다. 나는 수지맞은 것처럼 그저 감지덕지하며 받는다.

사실, 덤으로 받아온 파치는 제때 먹지 못하고 버릴 때가 더 많다. 냉장고 속에서 이리저리 굴리다 보면 음식물 쓰레기통에 돈 내고 버리게 된다. 이제는 아이들도 전부 장가가고 없는데, 여전히 덤 좀 많이 달라고 하는 나는 덤(Dumb)이 분명하다.

단골 과일 트럭 아저씨는 내가 고른 과일 무더기를 검정 비닐봉지에다 담고는 따로 놓은 상자에서 못생긴 놈을 하나 슬쩍 더 집어넣으며 싱긋 웃는다. 아저씨의 덤은 돈을 다 주고 사면서도 선물 받는 기분이 들게 하는 고도의 장사기술이다. 덕분에 나는 묵직한 검정 봉지를 가뿐하게 들고 걷는다. 좋은 기분까지 덤으로 챙겼다.

'벌도 덤이 있다'는 속담이 있다. 벌을 받을 때도 덤으로 더 받는데 하물며 물건을 살 때 덤을 얻는 것은 당연하다는 말이다. 그만큼 덤을 좋아한다는 뜻이기도 하다. 사실 물건 살 때만 덤이 있는 게 아니다. 살다 보면 때때로 시간도 고생도 축복도 덤으로 받는다.

고교 동창생 단체 카톡방에 부고가 떴다. 친구 어머니께서 갑자기

수필

돌아가셨다는 소식이다. 그분은 내게 그냥 친구 어머니가 아니었다. 평생 존경하고 흠모하던 분이었다. 하지만 객지를 떠돌며 사느라 바빠서 오랫동안 찾아뵙지 못했다. 이제야 겨우 고향 가까이 오게 되었는데, 코로나 사태가 터지는 바람에 섣불리 뵈러 가지 못했다. 그래도 친구랑 통화할 때마다 어머니 안부는 꼭 물었다. 오랜만에 어머니 모시고 맛있는 식사 한 번 대접하러 가겠다고도 했다. 진심이었다.

주변머리가 변변치 못하여 차일피일 벼르다가 보니 결국 이렇게 국화 한 송이로 인사하게 되었다. 어리석게도 또 한발 늦고 말았다. 빈소에 걸린 영정 속 어머니는 여전히 곱고 단아하셨다. 죄송한 마음이 목에 콱 걸렸다.

친구의 어머니는 내게 아주 특별한 존재였다. 여고생이 막연히 그려보던 현모양처의 전형이었다고나 할까. 세상에서 가장 상냥하고 친절한 여성의 대명사였다. 어머니는 딸의 친구들에게도 커다란 교자상을 펴고 대접하는 분이셨다. 앞치마를 두르고 음식을 정성껏 차려내시는 모습이 얼마나 우아하고 아름다워 보였는지 모른다. 그런 어머니의 딸인 친구가 그렇게 부러울 수가 없었다. 가난하고 각박하던 1970년대에 받은 환대라 더욱 매료되었고, 지금까지 선명하게 남았다.

우리가 고3으로 올라가는 해 1월에 어머니는 느닷없이 홀몸이 되었다. 어머니 나이 서른아홉, 막내인 여섯째 딸은 겨우 네 살이었다. 친구네 아버지는 경찰공무원이었다. 지방으로 발령받아 임지로 간 첫날, 숙소에서 혼자 주무시다가 연탄가스에 중독되어 변을 당하셨다. 유난히 가정적이고 듬직하던 남편은 젊은 아내와 딸 여섯을 남겨놓고 영영 떠났다. 졸지에 튼실하던 울타리가 와르르 무너졌다. 가장家長이 지고 있던 모든 짐은 어머니 등으로 옮겨졌다. 버겁도록 무거운 책임감과 함께 외롭고 막막한 세월이 덤으로 따라왔다.

당장이라도 남편을 따라가고 싶을 만큼 눈앞이 캄캄했다. 하지만 어린 딸들만 두고 갈 수는 없었다. 바깥 일은 전혀 모르고 남편 그늘에서만 살던 터라 혼자 헤쳐나갈 일이 아득하기만 했다. 그래도 자식들을 건사하며 어떻게든 살아내야 했다.

서른아홉 살부터는 그저 엄마 역할에만 충실했다. 누구에게도 폐를 끼치지 않는 깔끔하고 반듯한 삶이었다. 딸 여섯을 모두 대학까지 보내고, 각자에게 맞는 짝을 골라 떠나보냈다. 딸들을 결혼시키고 서운해할 새도 없었다. 직장에 다니는 딸을 도와 외손주들 돌보느라 시간 가는 줄도 몰랐다. 텅 비어버렸던 어머니의 둥지는 다시 북적거렸다. 손주들은 물론 동네 꼬마들도 좋아하는 친절하고 예쁜 할머니가 되었다. 그러는 사이에 어머니는 날마다 조금씩 사위어갔다. 아무도 눈치채지 못했다.

할머니 품 안에서 꼬무락거리던 손주들은 눈 깜짝할 새에 어른이 되어 떠났다. 직장에 매여 동동거리던 딸들도 정년퇴직했다. 원래 날씬하던 어머니의 몸은 점점 더 앙상해졌다. 딱히 먹고 싶은 것도, 하고 싶은 일도 없어졌다. 거동은 느릿해지고 생활 반경도 확 줄어들었다. 느슨해진 기억 주머니 속엔 오래 묵은 이야기만 남았다. 오십 년 전 이야기는 어제 일처럼 또렷한데, 방금 한 이야기는 까맣게 잊어버렸다.

어머니가 끝까지 놓지 않은 것은 입버릇처럼 수시로 드리는 기도였다. '끝까지 내 손으로 밥 먹고, 내 발로 화장실 다니게 해주세요.' 매우 간결하면서도 현실적으로 절실한 소원이었다.

그 기도 덕분이었을까. 어머니는 평생 중환자실 신세를 진 적도, 요양병원에 입원할 일도 없었다. 평생 해온 살림살이도 끝까지 놓지 않았다. 욕심 없고 규칙적인 일상을 영위하면서 어머니는 점점 더 가뿐해졌다.

노쇠老衰.

천천히 소멸해가는 과정을 겪으면서도 끝까지 본인 손으로 밥을 드셨고, 혼자서 화장실에 가셨다. 다들 앞으로 몇 년은 거뜬히 더 사실 것이라고 장담했다.

하지만 어머니는 어느 날 문득, 아무런 예고도 없이 떠나셨다. 딸들이 지켜보는 가운데 평온한 모습으로 깊이 잠드셨다. 향년 91세, 요즘 보기 드문 고종명考終命이었다. 누구나 원하는 마무리지만, 쉽게 받을 수 없는 축복이었다. 그때 덤으로 받은 그 모진 세월을 잘 견뎌냈다고, 그분께서 마지막 선물로 주신 모양이다. 참으로 부럽고 존경스럽다.

小說

이은집 이광복 김호운 김유조

이은집 고려대 국문과 졸업, 타고르문학상 수상 외, 현)한국문협 수석부이사장. 저서 『학창 보고서』 외.

내 동정을 뺏어간 옆집 누나

"아이고! 당신, 오늘은 또 워딜 댕겨왔슈? 다시 코로나가 극성인디 조심 좀 허잖구유! 게다가 갑작스레 비까지 쏟아졌는디 워째 옷이 젖지 않았네유!"

암튼 사내들은 세월이 갈수록 말수가 적어지는데, 마누라들은 한꺼번에 여러 말을 쏟아내기가 일쑤인 것이다.

"아따, 요즘 문단에 여러 행사가 겹치는구먼! 코로나야 여직 안 걸렸으니 별탈이 있을라구! 그리구 문래 전철역 안 가게에서 우산을 팔어 다행히 비는 안 맞았구…!"

이런 나의 대답에 이번엔 마누라가 전혀 엉뚱한 말을 해와서 나를 어안이 벙벙하게 했으니…!

"아유! 여보! 우리 아파트단지는 크지두 않은디 가끔씩 큰 사고가 나서 탈이유! 초저녁에 아파트 뒷숲에 경찰이 출동허구 난리났단 말유?"

"에잉? 왜? 뭔 일이 생겼길래…?"

"아유! 초저녁에 아파트 뒷길 숲에 지하주차장 공기통이 설치된 작은 집이 있잖유?"

"으응! 그래서 언젠가 그 집에 고양이가 새끼를 치기두 했지!"

"근디, 바루 거기서 워떤 남학생이 우리 아파트 여학생을 쫓아와서…! 간두 크지! 바루 그 집에 끌구 들어가서…!"

"뭐요? 그래서 무슨 변이라두 당한 건감?"

"아유! 여학생이 일을 당하기 직전에 핸드폰으루 119에 신고해서 화를 면했다지 뭐유? 암튼 갑자기 앵앵거리구 경찰차가 들이닥쳐서 아파트가 발칵 뒤집혔단께유!"

소설

 "허참! 철없는 학생이 더러 거기서 연애질 헌 적이 있는디, 이런 사고가 났구면! 암튼 치안이 세계에서 가장 잘된 나라라는디 별일이 다 있구면!"
 순간 나는 문득 내가 어려서 살았던 내 고향 청양에서의 추억이 떠올랐다.
 "야! 은집아! 오늘 우리집에서 소꿉장난 헐래? 아부지는 읍내장 가시구 엄니는 저어기 달밭골에 김 매러 가셔서 왼종일 아무두 없단 말이여!"
 내가 초등하교 3학년 때인가 옆집에 사는 화분이가 나를 꼬시는 말이었다.
 "그려? 좋아! 소꿉놀이 해여!"
 그리하여 화분네 집으로 가니 웃방에 요를 깔아 놓고, 소꿉놀이를 할 준비물이 놓여 있었다.
 "여보! 신랑이 나무두 해와야지! 얼릉!"
 화분이의 독촉에 나는 뒷산에 가서 솔잎을 따오자 화분이가 또 잔소리를 했다.
 "여보! 내가 밥할 동안 애기 좀 봐줘유! 빨랑!"
 그러면서 화분이는 나에게 벼개를 등에 업혀 포대기로 묶어주고 이번엔 밥을 한다면서 생보리로 밥을 짓고 풀로 반찬을 만들었다. 이때 화분언니 갑분이가 들에 나가 나물을 뜯어 가지고 들어와 화분이에게 심부름을 시켰다.
 "얘! 화분아! 넌 얼릉 달밭에 김 매는 엄니한테 점심 갖다 드리구 와야!"
 이리하여 화분이는 나와 소꿉장난을 멈추고, 바구니에 엄니 점심을 담아 밖으로 나가며 말했다.
 "야! 은집아! 너 나 올 때까지 기둘러! 알었제?"
 '으응! 빨랑 댕겨와!"
 내가 대답하며 갑분이누나를 바라보니 묘한 웃음을 지으며 말했다.

"이년아! 그런 걱정은 말구 빨랑 댕겨와!"

이리하여 나는 갑분이누나와 남게 되었는데, 다음 순간 갑분이누나가 요 위에 홑이불을 펴면서 속삭여왔다.

"야! 이젠 나랑 소꿉장난하자! …그럼 우리 신랑 각시 됐응께 이제 애길 낳아야지!"

"누나! 뭐유? 애길 낳아유?"

"그럼! 그렁께 어서 일루 들어와! 옷 벗구!"

그러면서 갑분이누나가 먼저 옷을 훌랑 벗더니 나를 홑이불 안으로 끌어들였다. 순간 졸지에 갑분이누나의 신랑이 된 나는 멈칫거리다가 결국은 나도 훌라당 벗고 둘이 함께 끌어안게 되었으니!

"여보! 애기 낳을라면 우리가 잠만 자며 안되지! 자! 내가 다 가르쳐줄게!"

암튼 그 뒤의 일은 생략하지만 나는 훗날에 생각해보니, 나의 동정은 옆집 누나인 갑분이누나한테 뺏겼다고나 할까?

내가 이런 고향에서의 추억에 잠겼는데 마누라가 한마디 건네왔다.

"여보! 근디 당신은 총각딱지를 누구헌티 떼였수? 갑자기 그게 궁금허네!"

"에잉? 글쎄! 초등학교 3학년 때 옆집누나인 것두 같구…! 근디 당신은…?"

나의 질문에 마누라가 한참 망설이다가 대꾸했다.

"아유! 챙피헌디! 스물아홉 때 서른 살 노총각한테! 이름은 이짜 은짜 집짜 였나? 해해해!"

소설

이광복 1976년《현대문학》소설 추천. (사)한국문인협회 제27대 이사장, 제35회 대한민국예술문화대상 외 소설집 「사육제」 외.

불청객

　옛날 어른들이 남기신 말씀은 하나도 틀린 것이 없었다. 세 살 버릇 여든 간다는 격언만 해도 그랬다. 주위 친구들을 돌아보면 나이가 들어 어느덧 노년에 접어들었는데도 어렸을 때의 그 버릇을 고스란히 간직하고 있지 않은가. 어렸을 때 개구쟁이였던 녀석은 어른이 된 뒤에도 그 버릇을 고치지 못하고 살아가는가 하면, 또 어렸을 때 말이 많았던 녀석 역시 어른이 되어서도 말이 많은 것이다.
　가령 우리 동네에서 함께 자란, 그리고 초등학교에서 중학교까지 함께 다닌 근택이와 병술이만 해도 지천명知天命을 훌쩍 넘겨 환갑을 바라보는 오늘날까지 어렸을 때의 버릇을 그대로 간직하고 있었다. 근택이는 어렸을 때부터 트집 잘 잡기로 유명했고, 병술이는 거짓말 잘하는 아이로 널리 알려져 있었다. 더욱이 근택이와 병술이는 피차 앙숙이라 해도 과언이 아니었다.
　근택이는 트집을 잡아 병술이를 가장 못 살게 괴롭혔고, 병술이는 근택만 보면 해괴망측한 거짓말로 골탕을 먹이곤 했다. 트집 대(對) 거짓말. 그것은 근택이와 병술이의 관계를 가장 잘 함축한 표현이었다. 아무튼 어렸을 때 이후 그들 두 사람의 관계는 늘 불편할 수밖에 없었다. 말하자면 숙명의 견원지간이라고나 할까, 그들은 어른이 된 뒤에도 항상 트집과 거짓말로 상대방을 괴롭히는 것이었다.
　그뿐 아니라 그들 두 사람이 한자리에 앉았다 하면 늘 불화가 싹트게 마련이었다. 분기별로 한 번씩 열리는 초등학교 동창 모임만 해도 그랬다. 그들 두 사람 가운데 한 사람이라도 나오지 않으면 동창 모임 자체가 조용하고 편안하게 넘어갔지만, 그 두 사람이 참석하는 날에는 저절로 그 모임 전체가 시끄러워지게 마련이었다.

그들은 마치 마주 보고 달리는 기관차와 같았다. 두 사람 모두 한 치의 양보가 없었다. 근택이가 먼저 말도 안 되는 것을 가지고 이것저것 트집을 잡을라치면 병술이는 속이 뻔히 들여다보이는 거짓말로 둘러대면서 골탕을 먹이려 드는 것이었다.

어쨌거나 근택이와 병술이는 한 치의 양보가 없었다. 다른 동창들과는 별 마찰 없이 그런 대로 원만하게 지내는 편이었지만, 그러나 그들 두 사람은 만나면 만날수록 반목과 갈등만 증폭시키는 것이었다.

지난봄 시내 한 음식점에서 동창 모임이 열렸다. 동창들은 내심 근택이와 병술이 가운데 한 사람만이라도 결석해 주기를 기대하고 있었다. 하지만 그들 두 사람은 가장 먼저 음식점에 도착해서 티격태격 말다툼부터 벌이고 있었다. 그날도 근택이가 먼저 트집을 잡고 나선 것이었다.

"야, 병술아. 너는 왜 전화도 한 번 않니?"

"네가 먼저 나한테 전화하면 조상이 덧나냐?"

"얌마, 내가 너보다 먼저 태어났으니까 네가 먼저 전화를 해야 할 것 아냐?"

근택이가 이죽거리면서 어거지를 부리기 시작했다. 그러자 병술이가 눈을 흘기면서 야무지게 되받아쳤다.

"흥. 웃기고 자빠졌네."

"내 말이 틀렸냐? 내가 너보다 먼저 태어났잖아. 그러니까 난 네 형이야. 아우가 형에게 먼저 안부 전화를 해야 하는 것 아니냐?"

"야, 이놈아. 네가 내 형이라구? 그만 웃겨라. 너 같은 놈은 내 조카뻘도 안 된다는 걸 알아야지. 조카가 먼저 삼촌한테 전화를 해야 삼촌도 조카를 잘 챙겨줄 것 아닌가? 건방진 놈 같으니라구. 너희 마누라가 나한테 전화 걸어서 뭐라고 했는지 알아? 네 성격 좀 고쳐 달라고 부탁하더라, 이놈아."

근택이의 아내가 병술에게 전화를 걸 리 만무했다. 그런데도 병술이는 입술에 침도 바르지 않은 채 입에 발린 거짓말을 늘어놓는 것이었

소설

다. 말하자면 근택이의 염장을 지르기 위해서 그런 거짓말을 꾸며댄 셈이었다. 아니나 다를까, 근택이가 핏대를 올리며 발끈했다.
"뭐라구?"
"요놈아. 네가 아무리 잘난 척 해 봤자 소용없어. 나는 너한테 전화를 걸지 않아도 네가 어디서 뭘 하는지 일거수일투족을 속속들이 다 알고 있어. 네 놈의 행동거지를 실시간으로 내게 보고해 주는 사람이 있으니까. 너는 어디를 가든 항상 내 손바닥 안에 있다는 것만 알아 둬. 네놈의 비행도 내가 다 알고 있어. 내가 입을 열면 너는 정말 크게 다친다. 알았어?"
그것 또한 거짓말이었다. 병술이가 무슨 재주로 근택이의 일거수일투족을 속속들이 안단 말인가. 하지만 그는 근택이를 골탕 먹이기 위해 그런 거짓말을 꾸며댄 것이었다. 그렇다고 호락호락 물러설 근택이가 아니었다. 그는 돌연 화제를 바꾸어 다시 트집을 잡으려고 생뚱맞은 질문을 던졌다.
"오늘 이 장소는 누가 정했어?"
"내가 정했지."
근택이의 속내를 알아차린 병술이가 상대방의 오장에 불을 지르고 나섰다.
"그러면 그렇지. 네놈이 정했으니까 이런 곳에 자리를 잡았지."
"왜? 뭐가 어때서? 도대체 뭐가 불만이야?"
"왜 하필이면 이런 데 정했냐? 좀 더 교통 좋고 널찍한 데로 정하지 않구는……."
"트집 잡는 것도 팔자구나. 너는 트집을 잡지 않으면 몸살이라도 나냐? 여기처럼 좋은 데가 어디 있냐? 너희 집 코앞에다 정하지 않았다구 불만인 모양인데 다른 친구들도 생각해야 할 것 아닌가. 강북에서 오는 사람, 강남에서 오는 사람, 일산에서 오는 사람, 분당에서 오는 사람……. 어디에서 오든 찾기 쉽고, 교통 편하구……. 이놈아. 넌 도대체 언제 철이 들래?"

"영등포에 가면 여기보다 음식 값 싸고 더 좋은 집 많아."

근택이는 여전히 불만 가득한 목소리로 궁시렁거렸다. 그러는 가운데 동창생들이 몰려들었지만, 그들 두 사람은 줄기차게 아옹다옹 입씨름을 벌이는 것이었다. 병술이가 말했다.

"영등포에도 다 알아봤어. 평소 네가 잘 가는 단골집도 가 봤지. 하지만 별 볼일 없더라. 주인 여자 하나는 괜찮더군. 네가 좋아할 만한 타입이더구나."

그것도 거짓말이었다. 일산에 사는 병술이가 영등포에 간 일도 없을 뿐더러 근택이의 단골집이 어디에 붙었는지 알지도 못했다. 하지만 그는 근택이의 트집을 차단하면서 약을 올리기 위해 거짓말로 반격을 가한 것이었다.

아무튼 근택이와 병술이는 다른 동창들의 입장을 전혀 고려하지 않은 채 문제도 아닌 문제, 이를테면 전혀 논란거리도 안 되는 문제를 가지고 미주알고주알 서로 물고 늘어지는 것이었다. 하여간 근택이가 트집을 잡기 위해서 태어난 사람이라면, 병술이는 거짓말을 하기 위해 태어난 사람인지도 몰랐다. 그러는 가운데 두 사람은 피차 서먹서먹한, 참으로 화합하기 어려운 불편한 관계를 유지할 수밖에 없었다.

다른 친구들은 동창 모임이 열릴 때마다 어렸을 때의 추억을 이야기하며 변함없는 우정을 더욱 다짐했지만, 그러나 근택이와 병술이는 만나면 만날수록 상호 상대방에 대한 미운 감정만 키워 나갔다. 아무리 죽마고우라 해도 서로가 시도 때도 없이 대립각을 세우다 보니 그럴 수밖에 없었다.

그뿐이 아니었다. 두 사람의 관계가 그렇고 그런지라 다른 동창들도 그들을 편안하게 대할 수가 없었다. 그러나 대부분의 동창들은 내심 병술이보다 근택이를 더 나쁘게 생각하고 있었다. 근택이는 자기와 직접적인 관련이 없는 일까지도 사사건건 시비를 걸었고, 그의 시비에 신경을 쓰다 보면 저절로 피곤해지기 때문이었다.

그 반면, 병술이의 거짓말에는 그 나름대로 얼마간의 애교가 있었다. 그의 거짓말은 남을 속여서 등쳐먹기 위한 사기성 거짓말이라기보다는, 속이 훤히 들여다보이는 즉흥적 둘러대기에 지나지 않았다. 물론 다른 동창들도 거의 예외 없이 그의 말장난에 악의가 없다는 것을 잘 알고 있었다.

그렇지만 어떤 경우에라도 거짓말은 거짓말일 따름이었고, 병술이는 쓸데없는 거짓말을 일삼아 스스로 자신의 신뢰를 떨어뜨리고 있었다. 어쨌거나 그들 두 사람이 있음으로 해서 동창 모임이 삐걱거리는 것도 어쩔 수 없는 현실이었다.

지난달, 병술이네 집에 큰 경사가 있었다. 애지중지 키운 딸이 결혼하게 된 것이었다. 다른 사람도 다 그렇겠지만, 병술이는 딸의 혼사를 앞두고 일가와 친지와 지인들에게 청첩장을 보내기로 했다. 그러나 청첩장 보낼 대상자를 선정하는 데는 여간 고민되는 것이 아니었다. 아차 실수로 청첩장을 꼭 보내야 할 분을 빠뜨렸다가 나중에 무슨 원망을 받게 될지 걱정스러웠지만, 어떤 분에게는 괜히 청첩장을 잘못 보냈다가 혹여 욕이나 얻어먹지 않을까 여간 조심스러운 것이 아니었다.

그는 한 분 한 분 점검하면서 직접 청첩장 봉투에 주소를 써나갔다. 그러다가 근택이 차례에 이르러 적지 않은 갈등을 겪었다. 이 친구에게 과연 청첩장을 보내야 할까, 말아야 할까……. 어렸을 때의 친구라면 마땅히 청첩장을 보내야겠지만, 평소 그놈의 언행이 워낙 밉살스럽기 때문이었다. 더욱이 딸의 혼사, 집안의 경사에 나타나 뭐가 어떠네, 뭐가 저떠네 트집을 잡고 쓸데없는 잔소리를 늘어놓으면 피곤해질 것이 뻔했다.

병술이는 그런 근택이를 초청 대상에서 제외하기로 작정했다. 그러고는 일부러 청첩장을 보내지 않았다. 그런데 이게 웬일일까, 병술이네 혼삿날 불청객인 근택이가 버젓이 결혼식장에 나타난 것이었다. 북적북적 밀려드는 하객들도 아랑곳하지 않은 채 그가 병술이에게 다짜고짜 트집부터 잡고 나섰다.

"야, 너 나한테 유감 있냐? 나한테는 왜 청첩장 안 보냈어? 다른 친구들한테 전해 듣고 물어물어 여기까지 찾아왔잖아."
"보냈어."
병술이는 특유의 임기응변으로 둘러댔다.
"보냈다구? 혹시 착각하는 것 아냐."
"그럼. 영등포구 영등포동 D아파트 112동 2001호잖아. 내가 직접 주소를 썼는데 그걸 모를라구. 이 녀석아. 제발 우편물이나 잘 챙기면서 살아라."
고의적으로 청첩장을 보내지 않은 병술이는 근택이의 주소까지 줄줄 외웠고, 도리어 우편물을 잘 챙기지 못한 근택이의 불찰로 뒤집어씌웠다. 그러면서 병술이는 마음속으로 낄낄 웃었다. 한쪽에서 트집 잡고, 한쪽에서 거짓말하는 그들의 버릇은 어쩌면 죽을 때까지 고치지 못할 것이었다. (*)

소설

김호운 소설가·수필가, 현)한국문인협회 이사장, 펜문학상·녹색문학상 외, 장편소설 『사라예보의 장미』 외 30여 권.

거미와 개미

파란 하늘, 하얀 구름. 하늘이 정말 거울같이 맑다. 이 나이 되도록 서울 하늘이 이토록 맑은 건 처음 본다. 황사와 미세먼지가 연일 서로 앞다투어 하늘을 뒤덮던 서울에서 이런 날씨를 보는 건 보통 귀한 일이 아니다. 몇십 년 만에 스카이라인을 본다며 신문과 방송에서도 떠들썩하게 보도하고 있다. 기업이나 빌딩 소유주들이 스카이라인이 나오는 멋진 건물 사진을 촬영하려는 통에 난데없이 사진작가들이 고기 물 만난 듯 호황을 누린다.

좋은 날씨로 세상이 온통 야단법석이지만, 우리 거미에게는 이게 독약이다. 날씨가 우중충하고, 주위가 좀 지저분해야 똥파리, 집파리, 날파리가 몰려들어 먹을 게 생긴다. 내가 사는 이 건물도 사진 촬영한다며 대청소를 하는 바람에 애써 지은 우리 집이 박살났을 뿐만 아니라, 하마터면 비명횡사할 뻔했다. 그러느라 며칠째 굶어 쓰러지기 일보 직전이다. 온종일 구멍 속에 숨어 눈먼 개미라도 기어올까 하고 눈 빠지게 기다리고 있으나, 걸려드는 녀석이 없다. 오늘도 쫄쫄 굶게 생겼다. 나 혼자 굶는 거야 이제 이력이 나서 괜찮지만, 재개발로 집이 날아갔다며 자식놈이 하필이면 이 난리 통에 가족을 끌고 오는 바람에 안 할 걱정거리까지 생겼다.

도시가 살기 좋다는 것도 이젠 옛말이다. 시골에 살 때는 처마나 심지어 부엌 안까지도 떡하니 집을 지었으며, 인심 좋은 집 만나면 '거미 보면 재수 좋다'는 말까지 듣는다. 한 가지 흠이라면 날마다 거친 음식만 먹어야 하는 거다. 시골 생활을 지겨워할 무렵 "도시에 가면 맛있는 음식에 좋은 옷 입고 멋지게 살 수 있다."라고 하는 어느 얼빠진 놈 말만 듣고 똥 바람이 들어 KTX에 무단 승차하여 서울로 왔다. 그 바람에 늘그막에 생고생을 사서 한다.

　서울 거미가 되려면 목숨을 걸어야 한다는 걸, 서울에 와서야 알았다. 우선 집 지을 곳이 없다. 겨우 집을 마련해 놓으면 얼마 안 가 부지런한 청소용역회사 직원들이 매몰차게 박살을 내버린다. 재수 없을 때는 깔끔함을 떠는 주인아주머니가 찾아다니며 우리 집을 때려 부수는 바람에 죽을 고비를 넘긴 일도 한두 번이 아니다. 살 곳 찾아 돌아다니다가 교통사고로 저승 갈 뻔한 일이 부지기수고, 사람들의 발에 밟혀 비명횡사할 뻔한 일도 여러 차례다.

　이러구러 하여 이 무서운 도시에서 살아남아 여기까지 왔는데, 그놈의 스카이라인 사진 때문에 또 집이 박살 나버렸다. 그래도 여기에선 빌붙어서라도 살 수 있으니 그나마 천만다행이다. 보통 이런 경우에 하늘이 도왔다고 하는데, 난 절대 하늘을 안 믿는다. 하늘이 보우하신다면 이렇게 사사건건 고난만을 골라서 줄 리가 없다. 목숨을 부지하며 이 도시에서 살아남은 건, 순전히 목숨 걸고 터득한 나의 경력 때문이다. 먹을 게 많은 줄 알고 번지르르하게 잘 사는 집 좋아하다가는 황천 가는 열차 탄다. 좀 허름하게 사는 집이 차라리 먹을 게 더 많다는 사실을 알지만, 서울에서 이런 집 찾기는 모래밭에서 바늘 찾기만큼이나 어렵다.

　어찌했거나 천재일우千載一遇로 겨우 빌붙어 사는 우리 집(박살 나기 며칠 전 상황이다)은 변두리의 허름한 5층 빌딩 옥탑방이다. 여기가 명당이라는 걸 안 건 이사를 온 뒤 3개월쯤 뒤다. 빌딩 주인의 조카라는 중년 남자가 여기에 관리사무소를 차리고 숙식까지 해결한다. 아마 그도 나처럼 늘그막에 오갈 데 없어서 이곳까지 온 게 아닌가 싶다. 뭔 인간이 먹는 거라고는 하루 세끼 라면이다. 라면을 끓여 먹고 청소를 제대로 하지 않아 늘 똥파리와 날파리가 들끓는다. 따지고 보면 내가 험구할 일이 아니다. 그 덕에 우리 식구가 배곯지 않고 잘 산다.

　여기에다 심심찮게 구경거리도 제공해 준다. "도둑놈한테 문 열어 준다"라는 말처럼 이 친구 지금 건물을 통째 삼키려 공작 중이다. 오

소설

래 병석에 누운 건물주가 오늘내일하는 모양이다. 부자도 소용없다. 들은 바에 의하면 건물주는 자식이 없다. 그래서 가까운 친척들이 서로 이 건물을 차지하려고 음모를 꾸미는데, 하필이면 이 옥상에서 모의한다. '낮말은 새가 듣고, 밤말은 쥐가 듣는다'고 해서 '거미'는 귀가 먼 줄 아는데, 내가 속속들이 다 듣고 있다. 어제는 한다는 소리가 유언장을 위조해서 공증을 마쳤다는 게 아닌가. 나도 몇 번 경험해 봤지만, 큰 거 이거 잘못 먹으면 진짜 큰일 난다.

그나저나 오늘은 뭐라도 꼭 잡아먹어야 하는데, 걱정이다. 이러다 정말 굶어 죽을 것 같다. 허기져 가물거리는 눈을 부릅뜨고 살피는데, 이게 웬 횡재인가. 큰 개미 세 마리가 눈앞으로 기어온다. 이 녀석들도 여기에 라면 찌꺼기가 있다는 소문을 들은 모양이다. 한 마리는 잽싸게 잡을 수 있겠는데, 나머지를 놓치는 게 너무 아깝다. 내 집만 온전했으면 한꺼번에 다 잡을 수 있을 텐데, 갑자기 욕심이 난다. 옆 구멍에 사는 아들 녀석에게 신호를 보내는데 자빠져 자는지 도통 반응이 없다. 더 큰소리를 내다간 개미들이 눈치챌 터라 우선 급한 김에 제일 큰놈을 덥석 물었다. 오늘이 복권에 당첨될 운이 트인 날인가. 큰놈을 물기 위해 반사적으로 내뻗은 앞다리에 한 녀석이 저절로 걸려들었다. 입에 물린 놈은 대가 약한지 바로 기절해 버렸고, 다리에 눌린 녀석은 죽을상이 되어 두 손을 맞잡고 빈다.

"거미님, 제발 살려주세요. 우리 아버지는 이미 늙어 죽을 때가 되었지만, 나는 아직 남은 가족을 먹여 살려야 합니다. 눈만 뜨면 허리가 휘도록 일하는데, 이렇게 억울하게 죽을 수야 없지 않겠습니까. 거미님은 가만히 앉아 그물에 걸리는 먹이를 줍지만, 우리 개미는 허리가 부러지도록 죽어라 일해야 먹고 삽니다. 이런 공을 봐서라도 저는 살려주십시오."

어디서 많이 듣던 말이다. "…거미님은 가만히 앉아 그물에 걸리는 먹이를 줍지만…" 어디서 들었는지 생각을 더듬던 나는 쿡 튀어나오는 웃음 때문에 하마터면 물고 있던 개미를 뱉을 뻔했다. 건물을 삼키려고 옥상에서 모의하던 관리인이 이 말을 했다. 오늘내일하며 다 죽어가는 그 노인네가 그물 쳐놓고 먹이를 줍는 거미처럼 돈을 긁어모았다며 흉봤다. '거미'라는 말에 처음엔 나를 두고 하는 말인 줄 알고 지레 놀랐다.

  참 고약한 녀석이다. 제 아버지를 제물로 내던지는 불효막심한 태도로 봐서는 잡아먹어야 할 듯싶은데, 한편 생각하니 살려줘야 할 놈 같기도 하다. 가족을 위해 평생 허리가 부러지도록 일한다지 않는가. 문득 옆 구멍에 있는 내 아들 녀석이 떠오른다. 이놈도 여차하면 날 잡아먹을지 모른다. 나는 입에 물고 있던 개미를 슬며시 놓아주었다. 그런데 깨어나지를 않는다. 아까 너무 세게 깨문 모양이다. 제 아비를 놓아주자 발에 눌린 개미 녀석이 사색이 되어 부들부들 떤다. 나는 녀석을 조심스레 끌어당겨 아비 대신 덥석 물었다. 그러자 죽은 듯이 누워있던 개미가 죽을힘을 다해 고개를 쳐들고 울면서 사정한다.

  "거미님, 난 이제 살기가 틀렸습니다. 부디 내 아들을 놓아주고, 대신 나를 먹으세요."

소설

김유조 국제PEN한국본부 부이사장, 건국대 명예교수(부총장 역임), 코리안드림 문학회 회장 외.

팩션 창작집 출판 기념회

'팩션 창작집 출판 기념회'의 초대장을 대학에 있는 친구로부터 받았을 때에는 무슨 의류패션 행사인 줄 알았다. 이 친구가 국문학을 했는데 무슨 패션 행사인가…, 내가 아무리 외국 공관에만 25년간 돌다가 갑자기 대기 발령을 받고 귀국해서 국내 정세나 동기들의 변화에 문외한 일지라도 국문학자가 패션디자이너로 둔갑할 만큼 세상이 달라지지는 않았을 텐데.

정말 20여 년 만에 내가 그의 연구실로 전화를 했더니 마침 통화가 되었다. 우리 둘은 중고등학교를 함께 다닌 막역지교이면서도 때로는 험한 경쟁자이기도 했다. 소규모 중소 도시였지만 하여간 지방 명문 중고등을 다닐 때는 학교 내에서는 성적으로, 밖에서는 여학생들의 인기 면에서….

서울로 유학을 오면서 나는 외교학과에, 그는 국문학과에 진학하여 대학교는 같았으나 서로 노는 물은 달라졌다. 그리고 이때부터 우리의 사이는 밀월과 공존과 보완의 시대로 들어섰으며 한동안 술친구로 젊음을 만끽하다가 나는 고시 공부로, 그는 대학원 진학 준비로 각자 자기의 갈 길로 들어섰다.

내가 외무고시에 합격하여 외국 공관을 돌아다닐 때 그는 이 대학 저 대학에 시간강사로 돌아다녔고 선배 교수의 '가방모찌' 신세라는 푸념을 어느 때이던가 시골 동기들이 벌인 나의 환송 파티에서 털어놓은 기억이 난다. 그로부터 우리는 서로에게 경쟁의 눈길을 던질 여유조차 없이 앞만 보고 열심히 살았으며 결혼에 즈음해서는 그렇게 경합을 벌이던 소도시의 여성 팬들을 제치고 모두 서울 마누라를 얻었으니 안팎으로 연결될 고리는 모두 끊어진 셈이었다. 이제 우리는 갑년을 눈앞에 두고 다시 만날 참이었다. 나는 백수의 신세였으나 아쉬울 것은 없었고 그는 아직도 정년이 몇 년 남은 노교수였다.

"요즈음 출판 기념회 하는 놈이 어디 있나? 만년에 정치판에 나가서 늙은 마누라 고생시킬 꿍꿍이라도 있는 참이야?"

전화통에 대고 내가 기선을 제했다.

"날 촌놈 취급 말어. 나도 죽겠다. 제자들의 어쩔 수 없는 강청과 강요에 못 이겨 한 30명만 엄선했는데 넌 내 영원한 맞수라서 내가 뽑아 준 거야. 자세한 건 만나서 이야기하자."

그가 멍군을 쳤다.

우리는 기념회 두 시간 전에 개최장소인 H호텔 로비에서 만나기로 했다. 그는 일찍 나와 봐야 할 입장이었고 나는 그날 두 가지 약속이 겹쳐서 인사만 하고 자리를 옮겨야 할 처지였다. 로비에서 반백의 머리털로 우리는 얼싸안았다.

"이게 무슨 촌놈 짓이야? 그리고 팩션은 또 무슨 소리야? 패션쇼 하는 거 아니야?" 나의 공세.

"이놈아 팩션도 모르고 무슨 대사 노릇하고 다녔어. 요즈음 문화와 예술 모르고서 무슨 국위선양이야." 그의 역공.

그의 설명에 따르면 이 시대는 정보화의 시대라서 옛날같이 지식이나 정보가 몇 사람에게 독점되는 것이 아니고 모두에게 공유되고 있어서 문학의 세계에도 큰 줄기가 바뀌고 있다는 것이다. 사람들이 사실을 너무 많이 알고 있거나 알고 있는 걸로 착각한다는 것이다. 물론 그 정보의 대부분은 가공된 것일 수 있는데 대중은 그런 부분을 모르거나 눈을 감고자 하고….

또한 너무나 엽기적인 사실 혹은 현실이 눈앞에 영상으로 시시각각 전개되어서 이제는 픽션, 즉 허구에는 눈 하나 깜짝하지 않고 오히려 외면을 한다고…. '소설'이니 '픽션'이니 한때 세상을 주름잡던 문학 장르의 팔자가 급전직하해버렸다. 이제 그렇지 않아도 영상매체가 기승을 부리는 판에 마침내 사람들의 의식까지 냉엄하게 돌아섰으니 허구

소설

를 리얼리즘, 즉 진실이니 사실주의니 하고 팔아먹던 소설가가 이제는 주린 배를 움켜쥐다 마침내 씨가 마를 판이 되었다. '소설 문학의 종언'을 고하는 시대가 된 셈이다.

여기에 탈출구로 등장한 것이 사실 즉 fact와 허구 즉 fiction을 결합시킨 팩션(faction)이라는 장르였다. 사실을 깔고 허구로 가공한 정도는 되어야 눈길이라도 줄것이 아닌가…. 그러다 보니 기술적으로는 주인공이나 나레이터가 1인칭 즉 "나"가
되는 경우가 많다.

"그럼 자네 주변인이나 사건을 막 써먹는 거야?"
내가 좀 경계의 눈초리를 보내며 물었다.
"아니지. 사실은 모두가 가짜인데 일부 진짜인 척 해놓는 거지."
"그럼 옛날 글쟁이들 소설과 무엇이 달라?"
"옛날 소설이 정보를 가르치는 식으로 쓰여졌다면 팩션은 우리 시대의 공유된 정보를 확실한 사실로 바닥에 깔고 사건이나 인물을 설정하는 거야. 옛날 소설에서는 대통령을 다룰 때에도 가공의 인물이거나 가명을 사용했다면 지금은 주인공이 역사적으로 실재한 대통령을 경무대나 청와대 어느 방에서 실재로 만나는 것처럼 써먹는 거야. 이제는 용산이나 한남동을 써먹어야겠네. 영화에서도 팩션 장르가 많아. 포레스트 검프에서 주인공은 실재로 케네디 대통령과 악수하고 대통령은 주인공의 이름을 부르며 대화가 진행되지. 이건 고도의 전자 기술로 가능해졌고…. 어떻게 죽은 대통령과 살아있는 영화배우가 악수를 할 수 있겠어…. 그게 가능케 하는 게 요즈음의 테크놀로지야."

"사실을 잘못 써먹다가 고소당하겠다."
내가 순간적인 생각으로 반응을 보였더니 그의 얼굴이 좀 어두워졌다.
"팩션이 아니라 픽션일 때에도 작가들은 그런 일을 많이 겪었지. 헤밍웨이는 '해는 또다시 떠오른다'를 쓰고 나서 당시 파리에 와있던 미국의 젊은 작가 지망생들, 소위 국적 이탈자들로부터 맹공을 받았고 특히 윌리엄 칼로스 윌리엄스 같은 작가는 권총을 들고 쫓아다녔대

요. 비겁한 유태인으로 자신을 그 스토리에 투영했다는 거지. 헤밍웨이로서야 억울하게 질겁한 사건이었지만…. 토마스 울프도 고향 이야기를 바닥에 깔고 허구를 그렸으나 고향 동네 사람들은 그를 경원하였지. '그대 다시는 고향에 못가리'라는 장편은 그런 배경이야. 아주 예전에 연속 TV 드라머로 나온 '페이턴' 플레이스라는 외화도 여주인공이자 작가가 그런 난처한 입장에 빠지더군. 난 그런 오해의 소지가 있는 건 이번 책에서 모두 빼버렸어."

"자네가 젊은 날의 창작의욕을 만년에 다시 불태우는 건 이해가 가지만 무슨 실질적 이득이라도 있나. 이런 글이 베스트셀러 되긴 힘들 것이고. 베스트셀러야 여자의 몸 틈새 떨림, 그런 게 자주 등장해야 하는 것 아닌가, 하하하."

"예끼! 아니 예끼가 아니군, 우리나라 작가이면서 필명을 마르시아스 심이라고 하는 작가가 쓴 '떨림'이라는 소설이 있는데 작가의 변이야 따로 있지만, 하여간 제목처럼 여자의 떨림을 무수히 그린 건데 책이 많이 나갔어. 나야 베스트셀러 될 능력도 의지도 없고 다만 청년 때의 꿈의 실현과 아울러, 하여간 창작집이 나오면 우리 같은 대학교수는 업적 평가에서 100% 점수를 따지. 논문도 이제는 참신하게 쓸 능력이 소진되었고…, 이건 히히히 하고 웃어야겠다."

내 친구는 실제로 히히히 하고 웃었다.

우리 둘이 말하는 사이에 사람들이 차츰 기웃거리기 시작했고 내 친구, P교수의 얼굴도 손님들에게 근엄했다가 공손해졌다가 변화무쌍한 표정관리를 시작하였다. 꽃다발 든 예쁜 젊은 여성들도 눈에 들어왔다.

"서른 명만 초대했다더니 저 예쁜 여자들은 무어야?"

내가 좀 힐난 조로 말했다.

"아, 대학원생들인데 초대장 없이 다들 모이기로 했나 봐. 밥도 준비 안 했어…. 자넨 바쁘다니까 이거나 받아가게."

내 친구가 책을 주는 게 아니라 예쁜 투명 케이스에 담긴 작은 물건을 건넸다.

소설

"이게 뭐야? 책은 안 줘?"
"이게 바로 USB에 넣은 e-북이야. 전자책이지. 보통은 앱이라는 걸 깔고 볼 수도 있는데 하여간 이걸 컴퓨터나 요즘 나오기 시작하는 e-book 리더라는 기구에 넣으면 글과 함께 그림이나 동영상 그리고 음악도 함께 나오는 거야. 글이 시원찮으니까 그림이나 음악이라도 즐기시라는 머리말로 내숭도 좀 떨었다만 하여간 재미는 훨씬 더할 거야. 그리고 참, 누드 사진과 그림도 예술을 빙자하여 많이 넣어뒀다. 모찰트도 나오고 내가 좋아하는 페이지라는 여가수도 출렁출렁 춤추고 노래하지."
"페티 페이지가 언제 적 가수인데…."
"아이구 이 밥통. 페이지는 우리나라 여가수야. 페티 페이지도 참 나오긴 하네."
그의 설명에 따르면 얼마 전만 해도 700메가 바이트의 CD에 동영상으로 노래 한 곡 밖에 못 실었던 구석기 시대 같은 때도 있었는데 이제는 장편 소설 여러 편이 들어가는 USB에 영상과 음악 들어가는 것은 문제가 없어졌다는 것이다.
"어차피 요즈음은 책이 많이 나가기 어려워졌어. 그래서 전자책을 만들면 각 공공도서관과 대학도서관에서 세 개씩은 사 주거든. 학생들은 이걸 다운로드 받거나 그냥 도서관에서 접속하여 읽어보지. 출판사나 저자의 입장에서 보면 최소한의 출판비는 건지는 거야."
"책이 아닌 이런 걸로도 업적 평가에서 100%인가 뭔가 하는 인정을 해주나?"
"이 사람아. 이런 거라니. 이게 바로 전자책이고 당연히 인정해주지."
이제 가야 할 시간이 되었다. 우리는 "영원한 맞수" 어쩌구 하면서 악수를 나누고 헤어졌다.
나도 팩션인가 뭔가 하는 걸 한번 써볼까…. 내가 카이로에 있을 때에 고국에서 대통령 탄핵 사건이 있었지. 마침 그때 우리는 무슨 축하

공연을 준비했던 때였는데 갑자기 취소하라는 전문이 왔었지. 그런지 며칠 만에는 다시 성대하게 하라는 전문이 왔었지. 그런 역사적 사실을 배경으로 격동의 시절을 한번 그려봐?

 아니야, 지금도 나는 그때의 일을 정리하기 힘들어. 교수하는 이 녀석도 고민이 많겠구나, 난 그저 입 다물고 있자….

 나는 그날 다른 데에서 술을 많이 했다. 그리고 e-book인지 뭔지 하는 것도 어디선가 잊고 말았다. (끝)

評論

송경민 김종회

송경민

인간 실존의 혼종성과 미완의 디아스포라
- 천병 한하운의 詩세계를 중심으로

1. 도입

 2020년 문화체육관광부가 주체하고 한국콘텐츠진흥원이 주관하는 '대한민국 콘텐츠 대상 시상식'에서 영화 '킹덤' 이 대한민국을 빛낸 콘텐츠로 뽑혔다.
 조선시대를 배경으로 한 좀비 드라마인 '킹덤'이라는 연속 기획물은 좀비 영화에서 사용될 공식을 정형화 시켰으며, 세계적인 온라인 동영상 서비스 넷플릭스를 통해 190여 개국에 27개 언어로 제공되며 세계적인 인기를 끌었다.
 뿐만 아니라 2020년 TV 프로그램 외 온라인 동영상 서비스(OTT)에 그리고 영화 분야 국내 검색어 TOP 10에 '킹덤'이 높은 순위를 차지했다.
 '좀비'는 17세기 아이티에 노예로 잡혀 온 서아프리카인들의 종교에 나타난다. 영혼이나 정신, 의지, 언어가 없는 육체에서 나온다. 살아 있지만 죽어 있고 죽어 있지만 살아 있다. 산 자와 죽은 자가 구분되어 있는 공간에서 '좀비'는 그 중간의 자리에 놓인다. '좀비'는 통상적인 구별의 논리를 방해한다. 삶과 죽음의 양쪽 상태를 다 취함으로써 어느 쪽의 상태에도 있지 않으며 삶과 죽음의 언어로는 결정될 수 없다. 삶과 죽음의 공간, 그곳은 불확실한 공간이다. 진정한 삶은 진정

평론

한 죽음을 배제해야 한다.

자크 데리다(Jacques Derrida)는 결정 불가능성의 범주로 이를 해석하고 있으며 '바이러스(virus)'의 형체에서 이를 발견한다. '바이러스(virus)'는 심지어 생물학적 영역에서도 무질서를 초래하는데 이 또한 활동적이지도 비활동적이지도, 죽어 있지도 살아 있지도 않은 개념이다. 그러므로 죽일 수 없고 '해체'시켜야 하는 위협으로 본다. '바이러스(virus)'의 결정 불가능성을 제거함으로써 완벽하게 '살해'하는 것이다.

한센병(Hansen's Disease) 또한 코로나19 바이러스(SARS-CoV-2)와 유사하게 '바이러스(virus)'에 의한 인류 역사상 오래된 감염 질병 중 하나이다. 한센간균(또는 나균)이 원인 병원체이다. 한센병(Hansen's Disease)에 대한 최초의 기록은 기원전 600년경에 인도에서 발견되었으며 1871년 나환자의 나결절에서 원인균을 최초로 발견한 노르웨이의 의학자 '에르하르 헨리크 아르메우에르 한센(Gerhard Henrik Armauer Hansen)의 이름을 딴 것이다. 치료가 불가능한 시대에는 천형병天刑病 또는 업병業病이라 하였다. 이 병이 더 악화되면 정작 환자 본인은 통각이 약해져서 그 사실도 못 느끼며 신체의 말단부가 썩어 문드러지는 지경까지 가게 되고 이때 손상된 피부에 또 2차적인 세균 감염이 일어나 고양한 냄새를 풍기기도 한다. 쉽게 말해 산 채로 부패한다는 것에서 신의 저주(카르마Karma)처럼 취급했으며 환자들과의 접촉을 꺼리게 만드는 한 이유가 되었다.

1950년대 주로 활동한 한하운 또한 한센병(Hansen's Disease) 환자였으며 '문둥이 시인'이라 불렸음에도 불구하고 독창성 있는 근대 시인으로 천형의 고통을 시로 뿌렸다.

2. 도약

한하운 시인의 본명은 한태영이다. '어찌 하何 구름 운雲, 어쩔 수 없이 떠도는 구름 같은 인생'의 의미를 담으며 '하운何雲'이라 칭했다.

한하운은 1920년 함경남도 함주에서 출생하였다. 2020년은 한하운의 탄생 100주년을 맞는 해이기도 하다. 함흥제일공립보통학교 졸업 후 이리농림학교 수의축산과에서 공부하던 중 「어머니와 두견새」를 발표하는 등 창작 활동에 몰두하였으며 1936년 17세가 되던 해에 눈썹이 사라지고 발가락이 썩어나가는 한센병 확정 진단을 받는다. 그럼에도 불구하고 동경 세이케이 고교, 베이징대 축산학과 등 일본과 중국의 북경을 거치며 수학하였으며 1943년 북경대(일본이 건립한, 오늘의 북경대와 다름) 농학원을 졸업했다. 1944년 함남도청 축산과에 근무 중 한센병이 재발하여 1945년 퇴직하고 서점을 경영하였으며 함흥 학생 데모 사건의 혐의로 체포되었다 석방되는 등 많은 수난을 겪는다. 이에 1948년 월남하여 글을 파는 거지로 유랑생활을 하다 1949년 이병철 작가의 소개로 「전라도길」등 『신천지』4월호에 12편의 시를 발표하며 문단활동을 시작한다. 1949년『신천지』4월호에 발표했던 12편에 12편을 더해 첫 시집「한하운의 시초」(1953년 재판 발간)를 발간함으로써 온전한 시인으로서의 행보를 시작하게 된다. 1950년 부평에 정착하여 인천과 인연을 맺었으며 활발한 문학 활동과 함께 본인의 투병 생활에도 불구하고 한센병 환자들을 위한 '성계원', '신명보육원' 등을 설립 운영하였으며 1953년 '대한한센연맹위원장'으로 취임, 한센병 환자들의 구제 사업을 전개한다. 한센병 환자라는 남다른 환경 속에서도 객관적 어조를 유지, 표현하며 온전한 인간이 되기를 바라는 염원을 서정적 민요가락으로 노래했다. 1955년「보리피리」제2 시집을 발간, 1958년 자서전「나의 슬픈 반생기」를 발표한다. 1960년대 이후 '한국사회복지협회' 자치회장을 역임하며 출판사를 경영하게 되었으며 1975년 2월 28일 간경화증으로 한센인들을 위해 사회에 기여하며 한 인간으로 오롯이 살기를 바랬던 그의 삶을 마감하게 된다.

버러지

평론

새살이 하려(새살이하려) 찾어온(찾아온)
또 새손댁 금실기(뭉치)가
바람에 부풀은 눈시울에(눈시울에)
똑똑히 삶을 그린(그릴) 눈썹이 서물구나
손가락 떨어지면
손목은 뭉뚝한 몽두리 됐다

분에 못견딘(못 견딘) 삶이래서
내 몽두리로 마구마구 휘여때린(휘어때린)
매맞는 땅바닥은 태연도 한데
어이 어굴한(억울한) 하늘이 울음을 대신하나

한 가지 약을 물어 천 가지를 바래며

전설로 걸어가면 신기를 만나련가

이 실천實踐이 꿈이련가
꿈이 실천이련가

큰 목적을 위하여
이 몹실(몹쓸) 고집을 복종시키자
인내만이 불행을 달래어두고
의심만이 나와 소곤거리자(소곤거리자)

버러지 버러지 약버러지(약藥 버러지)
놀래 자지러진(자질쳐진)
네 너로 네 판으로 죄없단(죄 없단) 빛이
누두둑 푸른 피 흘려 흘려

흙 짙은 목덜미에
왕소림(왕소름)을 기친다(끼친다)

내가 버러지를 먹는지
버러지가 나를 먹는지

-『한하운 시초』, 신천지, 1949

위 시에서 괄호 안의 싯구는 2010년 간행된 『한하운 전집』에 실린 부분이다.

문화란 특정 시간과 장소에 있는 사람들이 공유하는 가치 규범, 관습 언어, 사고 방식, 의사소통방식을 의미한다. 문화에는 눈에 보이는 표면 영역과 표면 영역의 기저를 이루는, 일상적으로 관찰하거나 인식할 수 없는 심층 영역으로 나눌 수 있다. 이처럼 한 시인에게서도 시인만의 삶의 과정에서 형성된 개인의 문화정체성이 있기 마련이다. 한 개인의 문화정체성에는 다양한 집단의 문화가 서로 교차하고 있다. 이처럼 한 개인의 정체성 내에 성, 민족, 인종, 종교, 장애여부, 성적지향, 사회경제적 계층, 지역 등 다양한 집단 문화가 혼재되어 있는 것을 '혼종성(Hibridity)이라고 한다.

/눈썹이 서물구나/, /손가락 떨어지면/, /손목은 뭉뚝한 몽두리 됐다/, /어이 어굴한(억울한) 하늘이 울음을 대신하나/ 등에서 나타나듯 부호의 장남으로 태어난 시인에게 갑자기 찾아온 '한센병'이라는 청천벽력의 선고는 행위에 대한 단죄로 해석할 수 없는 단지 '한센인'이라는 이유만으로 낙인(stigma)되어 버린 죄는 스스로를 이방인으로 취급하며 이것을 신체 절단의 표현(grotesque), 육체적인 언어로 이야기하려 했다. 이러한 천형의식은 자기 대상의 결핍으로 확대되며 끝내 자신의 세계, 자아, 자신의 미래라는 세 가지 인지적 오류를 범하게 되고 존재의 죄를 거부하는 태도에서 결국 우울함으로 치닫게 된다.

손가락 한 마디

평론

간밤에 얼어서
손가락이 한 마디
머리를 긁다가 땅 위에 떨어진다

이 뼈 한 마디 살 한 점
옷깃을 찢어서 아깝게 싼다
하얀 붕대로 덧싸서 주머니에 넣는다(넣어둔다)

날이 따스해지면
남산(남산南山) 어느 양지 터를(양지터를) 가려서
깊이 깊이(깊이깊이) 땅파고(땅 파고) 묻어야겠다

—『한하운 시초』, 신천지, 1949

위 시에서 괄호 안의 싯구는 2010년 간행된『한하운 전집』에 실린 부분이다.

한하운 시인 한 개인의 문화정체성을 이해하기 위해서는 특히 표면영역에서 심층영역으로 확대되어야 한다. 한센병 환자라는 시인에 대한 고정관념과 편견이 강화되어 읽는 이로 하여금 오히려 부정적인 영향을 마칠 수도 있기 때문이다.

한하운 시인의 '혼종성(Hibridity)'을 크게 나누면 세 가지로 나누어 볼 수 있다. 첫째는 반권력, 반체제적 기질이며 둘째는 존재의 죄를 거부하는 태도이며 셋째는 모성적 대타자를 잃은 고독이다.

자화상

한 번도 웃어본 일이 없다
한 번도 울어본 일이 없다

웃음도 울음도 아닌 슬픔
그러한 슬픔에 굳어버린 나의 얼굴

도대체 웃음이란 얼마나
가볍게 스쳐가는(스쳐 가는) 시장끼냐(시장기냐)

도대체 울음이란 얼마나
지굿게(짓궂게) 왔다가는(왔다 가는) 포만증이냐(포만증飽滿症 이냐)

한때 나의 푸른 이마 밑
검은 눈썹 언저리에 매워본 덧없음을 이어
오늘 꼭 가야할(가야 할) 아무 데도 없는 낯선 이 길머리에
쩔룸 쩔룸(쩔룸쩔룸) 다섯 자 보다(자보다) 좀 더(좀더) 큰 길로 나는 섰다

어쩌면 나의 키가 끄는(끄으는) 나의 그림자는
이렇게도 웃둣히(우둔히) 웬 땅을 덮는 것이냐

지나는 거리마다 쇼윈도 유리창마다
얼른얼른 내가 나를 알아볼 수 없는 나의 얼굴

- 『한하운 시초』, 신천지, 1949

위 시에서 괄호 안의 싯구는 2010년 간행된 『한하운 전집』에 실린 부분이다.

20세기 동안 정신의학자들은 지그문트 프로이드(Sigmund Freud) 등의 영향으로 부정적인 마음에만 몰입한 성향이 있다. 이러한 해석에 대해 반성하고 마음의 평온감과 안락함을 느낄 수 있도록 행복의 의미를 돋우려는 심리학의 새로운 분야가 '긍정심리학'이다.

/오늘 꼭 가야할(가야 할) 아무 데도 없는 낯선 이 길머리에/, /도대체 웃음이란 얼마나 가볍게 스쳐가는(스쳐 가는) 시장끼냐(시장기

평론

냐)/, /도대체 울음이란 얼마나 지긋게(짓궂게) 왔다가는(왔다 가는) 포만증이냐(포만증飽滿症 이냐)/, /한 번도 웃어본 일이 없다/, /한 번도 울어본 일이 없다/에서처럼 정상인으로 '살아갈 수 없다'는 절망과 그럼에도 불구하고 정상인으로 '살아가고 싶다'는 강한 갈망 사이에서 겪는 근원적 고통이 느껴진다.

앞에서 언급했듯이 자크 데리다(Jacques Derrida)에 의하면 이 또한 활동적이지도 비활동적이지도, 죽어 있지도 살아 있지도 않은 개념이다. 그러므로 죽일 수 없고 '해체'시켜야 하는 위협으로 본다. 다시 말해 현실의 처절함을 통해 받는 자극은 '긍정적인 메타 신념'의 활성화라는 전략을 선택하게 되는 것이다.

한하운 시인에게 접근하는 기본적인 태도가 안쓰럽다. 시인은 애틋한 시대에 살았으며 그 시대는 살기 어려운 처지었다. 더욱이 한센병 환자로서, 월남인으로서, 어떻게 살아야 할지 모르는 상황에서 /쩔룸쩔룸(쩔룸쩔룸) 다섯 자 보다(자보다) 좀 더(좀더) 큰 길로 나는 섰다/에서처럼 시인은 자신의 삶의 가장 큰 가치를 '좀 더 큰 길로 나서는' 것에 두고, '멈추지 않고 걸어가려고' 항상 노력하는 삶과 삶 사이에 존재하는 '좋은 삶(eudaimonia)'을 뜻하는 것으로 표현되어진다.

삶

지나가버린 것은
모두가 (다) 아름다웠다

여기 있는 것 남은 것은
욕(욕辱)이다 벌(벌罰)이다 문둥이다

옛날에 서서
우러러 보던(우러러보던) 하늘은
아직도 푸르기만 하다마는

아 꽃과 같은(같던) 삶과
꽃일 수 없는 삶과의
갈등(갈등葛藤) 사잇길에 절룩거리며 섰다

잠간(잠깐)이라도 이 낯선 집
추녀 밑에 서서 우는 것은
욕이다 벌이다 문둥이다

- 『한하운 시초』, 신천지, 1949

위 시에서 괄호 안의 싯구는 2010년 간행된 『한하운 전집』에 실린 부분이다.

20세기 가장 영향력 있는 정치철학자인 한나 아렌트(Hannah Arent)는 인간 실존의 하나로 '다원성(Plurality)'에 대해 설명한다. 단순히 인간 실존의 차이를 강조하는 도구적 개념이 아니라 모든 인간이 동등하며 동시에 차이가 있다고 본다. 인간은 누구와도 같지 않다는 차이를 지닌 존재인 것과 인간이라면 누구나 이러한 차이의 속성을 공통적으로 지니기 때문에 이러한 차이가 인간의 보편성이 된다는 것이다. 인간의 보편성은 인간 삶의 절대 조건이며 '다원성(Plurality)'의 파괴는 인간 공존을 위협하는 행위이다. 시인은 이러한 '다원성(Plurality)'을 회복하기 위해 차이와 보편성을 모두 지켜내기 위해 고통을 지고 뒤를 돌아보고 있다.

한하운 시인은 /지나가버린 것은/, /옛날에 서서/, /꽃과 같은(같던) 삶/에서 나타난 시인의 과거와 /여기 있는 것 남은 것은/, /꽃일 수 없는 삶/, /이 낯선 집/에서 나타난 시인의 현재를 양분법적 대립 쌍으로 나타내며 북에서 살던 어린 시절의 아름다웠던 그 당시의 회상을 통해 현실의 비참한 자학을 투영하고 있다.

3. 마무리

인간은 오랜 역사를 통해 남녀평등을 위한, 지역간 균등 발전을 위한, 종교의 자유를 위한, 장애인의 권리 회복을 위한 지속적인 노력들이 있었다. 어떤 성별, 어떤 지역, 어떤 종교적 신념을, 어떤 장애를 지녔던 혹은 지니지 않았던 모두 인간이기 때문이다.

한하운 시인이 지키고자 했던 권리는 월남인으로서의 권리나 한센병 환자로서의 권리라기보다는 인간으로서의 실존적 권리였다. 월남해서 오랜 기간 동안 유랑 생활을 하며 살지언정 북을 벗어나 '좋은 삶(eudaimonia)'을 살기를 택한 '디아스포라(diaspora)'가 되기로 한 것이다.

2010년 한하운 시인 서거 35주기를 맞이하여 간행된 『한하운 전집』에서 시인은 다음과 같이 고백하고 있다.

'나는 문둥이란 이름으로 인간대열에서 쫓겨났다. 그리고 인간폐업人間廢業을 당하고 있다. 끝내는 인간된 자랑마저 포기하지 않을 수 없다.
인간의 존엄성이란 벌써 휴지 같은 것이 되고 생존마저 위협을 받고 있다. 우리에게 법法이란 것이 없다. 의지할 곳도 없다. 헐벗고 있다. 굶주림에 있다. 병마에 시달리고 있다. 그리고 갖은 학대를 받고 있다. 이래서 천작天作의 죄수라고 하는지-산 죽음에 있어야 한다. 이 구천九天에 사무칠 나위 없는 원한을 짐승같이 혼자서만 울어야 했다.(중략) 나는 시를 영혼으로 쓴다. 또 시를 눈물로 쓴다. 시는 나에게는 도道이다. 눈물의 원심분리遠心分離에서 남은 영혼의 에센스이다. 그러니 시에 귀의(歸依)하며 살지 않을 수 없다.'

악셀 호네트(Axel Honneth)에 의하면 타자의 특수성과 고유성에 대한 적극적인 인정과 가치 부여가 자신에 대한 인정과 가치 부여와 연결됨을 통찰할 때 인간은 혼자서는 '자아'가 될 수 없다고 말한다.

한하운 시인의 문학사적 위치를 논할 때 그 어떤 이도 크게 언급하기를 꺼려한다. 그것은 시가 아주 크게 개성적이며 창의적으로 작품성이 뛰어나지 않다. 특히 박거영과의 결별 이후 주류 문단에서 소외시 되고 창작시보다는 수필 중심으로 작품 활동을 하는 등의 이유에서이다. 그러나 한센병을 가진 월남인으로서 남한 사회에 자리매김하기 위해 발버둥 쳤던 노력의 가치, 해방 공간이라는 애틋한 우리 시대에서 월남인의 전형으로 한하운이 어떻게 살아왔으며 살고자 했는가의 자체적 해석은 재미있게 보아야 할 부분이다.

한센병 환자라는 시인 개인의 특수성에 의한 절대적 이방인으로의 인간 실존적 해석과 함께 월남인으로서의 소시민적 소수자문학으로의 반공주의나 민족주의로 치우치게 될 선입견이나 편린의 위험성 그리고 전후 국민국가로서의 담론을 각각 별개의 것으로 보지 말고 중층적인 맥락에서 다 같이 고려해야할 필연적 이유가 한하운 시인에게는 분명히 있다고 본다.

이는 인간을 자연이나 그 밖의 무엇으로도 분리시키지 않고 근본적으로 상호 연결되어 있는 연결망으로 보는 것과 같다. 그러한 관계망 속에서 모든 생명의 가치는 동등하며 모든 생명체를 소중하게 생각하고 그 소중함을 어떻게 다시 인식, 극복하게 해야 하는가의 과제는 미완의 실존적 인간이 펜데믹 포스트 코로나(Pandemic Post COVID 19)시대에 해결해야 할 상상력으로 남겨졌다.

평론

김종회 문학평론가, 한국디카시인협회 회장, 저서 『월광에 물든 신화』 외.

디카시의 정체성과 새로운 행보
– 본격문학으로서의 디카시

1. 지금 여기 이른 디카시의 여정

 인류 예술사에 있어서 가장 먼저 문학적 형식을 갖춘 장르는, 두말할 것도 없이 시다. 원시적 음률과 가창의 단계를 거쳐 서사시와 비극의 형태를 보이기 시작한 시의 발전 과정을 아리스토텔레스의 『시학』이 말하고 있다. 우리 문학이 「황조가」나 「공무도하가」 그리고 「구지가」와 같은 원시 가요가 구전口傳의 단계를 거쳐 기록으로 남게 된 국면에 있어서도 그 중심은 시에 있었다. 소설과 같은 산문 장르가 문학사의 지평에 떠오른 것은, 서민 대중의 의식이 자각과 성장을 도모하기 시작한 중세 이후의 일이다. 시는 점진적으로 인간의 사상과 감정을 최대한으로 축약하고 이를 운율 실어서 표현하는 방식으로, 언제나 여러 문예 형식의 기반을 이루었다.
 우리의 옛 선인들은 짧은 시의 문면文面에 진중한 생각을 담는 데 능숙했다. 한시에 있어서 절귀絶句나 율시律詩의 유형이 그러하고, 시조 또한 기본이 3장 곧 3행으로 제한되어 있다. 그 짧은 문안에 우주 자연의 원리와 인생 세간의 이치를 수용하여 후대에 남겼다. 가장 오랜 시조집으로 알려진 김춘택의 『청구영언』에 전하는 조선조 기생 황진이의 시조들은, 시대적 한계와 신분의 제한을 넘어서는 절창이다. 그 기량에 있어 사대부 선비의 시조에 굴하지 않는 기생들의 시조가 많은 것은, 이 문학의 외형이 난해하지 않고 길지 않다는 데 일말의 이유가 있다. 짧고 쉬우면서도 깊은 뜻을 안고 있는 시나 글이 결코 만만할 리 없으니, 인간을 영생의 길로 인도하는 종교의 경전 또한 그 기본적인 가르침이 결코 어렵거나 복잡하지 않다.

한국 현대 시에 있어서, 우리는 짧은 시가 큰 성가聲價를 나타낸 사례들을 다음과 같이 쉽게 예거할 수 있다.

> 큰 절이나 작은 절이나
> 믿음은 하나
> 큰 집에 사나 작은 집에 사나
> 인간은 하나
> - 조병화, 「해인사」

> 내려갈 때 보았네
> 올라갈 때 못 본
> 그 꽃
> - 고은, 「그 꽃」

> 자세히 보아야 예쁘다
> 오래 보아야 사랑스럽다
> 너도 그렇다
> - 나태주, 「풀꽃」

시를 쓴 시인이나 시가 처한 환경을 모두 제척除斥하고, 시가 표출하는 강렬한 상징적 의미만을 두고 볼 때 그야말로 대가일성大家一聲의 시들이다. 지금 여기서 공들여 압축적 문학 형식으로서의 시와 그 축약된 의미의 힘을 강조하고 있는 연유는, 그와 같은 형식적 단련을 거쳐 오늘의 디카시에 이른 그 연원淵源을 설명하기 위해서다. 전통적 문학 장르에 있어서 짧은 시적 언술과 오늘날 영상문화 시대의 디지털 사진의 결합이, 어느 날 두서없이 출현한 근본도 유래도 없는 글쓰기

평론

방식이 아니라는 것이다. 하늘 아래 전혀 새로운 것은 어디에도 없다. 디카시가 동시대 문물의 변종이 아니라 본격적이고 전통적인 문학의 후계에 해당한다는 말이다.

2. 새로운 한류 문예 장르 디카시

짧고 쉬운 시가 반드시 좋은 시라고 할 수는 없다. 한국문학, 더 나아가 세계의 문학에는 의미 해독이 어렵고 상징성이 강한 명편의 시들이 즐비하다. 하지만 문학의 독자가 점점 작품으로부터 멀어지는 오늘의 현실에 비추어, 독자 친화를 말하는 짧은 시에로의 경도傾倒가 갖는 효용성은 어떤 경우라도 가볍다 할 수 없을 터이다. 그렇게 세상이 바뀌고 시대정신(Zeitgeist)도 바뀌어 가는 마당에, 이제는 활자매체 문자문화의 시대에서 전자매체 영상문화의 시대로 문화와 문학의 중심축이 현저히 이동해 있다. 이와 같은 때에 한국의 한 지역 문화운동으로 시작된, 짧고 감동적인 시의 새로운 장르로 디카시가 부상하여 어느결에 전 세계적인 확산을 구현하고 있다.

디카시가 발원한 시점은 2004년 이상옥 디카시집 『고성가도』이며, 디카시 문예 운동이 본궤도에 오르기 시작한 것은 2020년 한국디카시인협회가 제1회 디카시학술심포지엄 겸 창립총회를 개최하고 정식 출범하면서부터였다. 이후 지금에 이르기까지 국내에 11개의 지부 및 지회, 해외에 17개의 지부가 결성됨으로써 화룡점정의 틀을 충실히 갖추게 되었다. 그러나 이러한 '운동'의 조직은 그야말로 디카시 '문예'를 진작하고 추동하기 위한 도구일 뿐, 디카시의 문학적 성취와 본격문학으로서의 고양을 말하는 것이 아니다. 하나의 문학작품이 수준 있는 지위에서 독자와 교감하고 영향력을 발휘하기 위해서는, 그 내용과 형식이 모두 제 몫과 값을 확보하고 있어야 하기에 하는 말이다.

주지하다시피 디카시는 디지털 카메라와 시의 합성을 말하는 새로운 시 형식이다. 근자의 한국인이면 남녀노소를 막론하고 누구나 손에 들고 있는 스마트폰으로 순간 포착의 사진을 찍고, 그 사진에 밀착하는 짧고 강렬한 몇 줄의 시를 덧붙이는 것이다. 일상의 삶 가운데 가장 가까이 손에 미치는 영상 도구를 활용하여 가장 쉽고 공감이 가는 감각적인 시의 산출에 이르는, 현대적 문학 장르다. 그러한 영상과 시의 결합이 가능하리라는 생각과, 그것을 시의 방법으로 확장하고 더 나아가 하나의 문예 운동으로 이끄는 행위 사이에는 큰 상거相距가 있다. 이 시운동은 누구나, 그리고 언제 어디서나 디카시인이 될 수 있다는 보편성과 개방성이 가장 큰 장점이다.

짧고 강하고 깊이 있는 시, 거기에 생동하는 영상의 조력을 함께 품고 있는 시의 형용이 폭넓게 수용되는 경과를 보이는 것은 어쩌면 당연한 일인지도 모른다. 앞으로 우리가 살아갈 세상의 모습이 어떠하든지 간에, 이처럼 손쉽게 독자와 만나고 교유하는 시의 자리가 시들거나 뒤로 물러서는 법은 없을 것이다. 동시에 디카시의 창작에 자신의 남은 생애를 건 사람들, 디카시가 좋아서 그 시와 사진에 밤낮없이 몰두하는 사람들, 훌륭한 디카시를 창작하기 위하여 여러 시□공간에서의 궁구窮究를 다하는 사람들의 행렬이 끊이지 않는 한 디카시의 미래도 그러할 것이다. 그러나 이 순간 포착의 사진과 촌철살인의 시가 보람을 다하도록 하는 것은, 결국 그 시에서 삶을 읽는 우리 마음의 수준이 아닐까 한다. 이는 디카시를 본격문학으로 견인하는, 예술성 곧 미학적 가치와도 연동되어 있다.

3. 디카시와 본격문학의 예술성

앞서 디카시 이전의 짧은 시들이 본격문학으로서의 수발秀拔한 예술적 가치를 갖는 사례에 대해 살펴보았다. 정형시로서 절귀나 율시의 형식을 가진 한시가 그러하고, 시조 또한 그러했으며, 우리 현대 시의

평론

짧은 시들이 그러했다. 일본에서 하나의 문학 장르로 정착한 다음 세계적인 명성을 얻은 하이쿠는 오랜 역사와 더불어 많은 뛰어난 작품을 보유하고 있다. 이 하이쿠가 서구에 영향을 미쳤고, 20세기 초반부터 프랑스에서 유행한 짧은 시 쓰기 운동은 그 대표적인 범례에 해당한다. 다음에 몇 가지 사례로 드는 하이쿠의 이름 있는 작품들을 살펴보면, 이 논의를 보다 실증적으로 수용할 수 있다.

얼마나 놀라운 일인가, 번개를 보면서도 삶이 한순간인 걸 모르다니!
- 마츠오 바쇼

이 숯도 한때는 흰 눈이 얹힌 나뭇가지였겠지 - 칸노 타다토모

다리 위의 저 거지도 아들을 위해 반딧불을 잡으려 하네 - 고바야시 잇사

언 붓을 녹이려다 등잔에 붓끝을 태웠다 - 타이로

달이 동쪽으로 옮겨가자 꽃 그림자 서쪽으로 기어가네 - 요사 부손

한밤중 소리에 놀라 잠을 깨니 흰 메꽃이 떨어졌다 - 마사오카 시키

이러한 짧은 시의 미학적 가치에 대한 선례는 여러 가지를 말해준다. 디카시가 편의주의적 생활문학이나 갑남을녀 누구나 유희처럼 접근하는 시 놀이로 침윤하지 않고, 지고至高한 예술의 세계를 지향해 나갈 수 있다는 선명한 증좌가 되는 셈이다. 그러므로 중요한 것은 디카시인의 대열에 참여한다는 사실 확인을 넘어서, 놀랍고 훌륭한 디카시의 창작자가 되겠다는 목표를 가꾸는 일이다. 그러기에 우리는 이렇게 강변한다. "디카시를 쓰기는 쉽다. 하지만 잘 쓰기는 어렵다!" 여기에 참고가 되도록 예술지상주의의 금언金言 하나를 첨부한다. "놀랍지 않으면 버려라!" 우리는 이 시대 이 땅에서 함께 어깨를 겯고 나

가는 디카시인이다. 그 전방의 과녁에 '본격문학'으로서의 디카시가 게시되어 있지 않다면, 시인이 아니라 동호인에 그칠 수밖에 없다. 그래서 하는 말이다. 우리 모두 동호인이 아니라 시인이 되어야 한다.

4. 디카시의 성격적 특성과 기반

디카시의 물결이 한반도의 국경을 넘어 미국과 중국, 캐나다, 영국, 독일, 인도, 인도네시아, 베트남 등지로 확장되어 나가는 배면에는 한국에서 요원의 불길처럼 일어난 그 저변의 세력이 자리 잡고 있다. 그와 같은 힘의 기반이 형성되기 위해서는, 디카시가 오늘의 시대정신을 반영하고 있다는 전제가 있다. 디카시는 활자매체 문자문화의 시대에서 전자매체 영상문화의 시대로 이행된 상황을, 최적화하여 수용하는 창작 방식이다. 그러한 전자매체의 특성은 SNS를 통하여 디카시 마니아 모임, 카페, 블로그, 단톡방 등을 통해 창작 시점에 실시간 소통을 가능하게 한다. 시인과 독자가 연계되는 가장 빠른 상호 공유의 형식이다.

디카시는 일상의 예술이요 예술이 일상이 되는, 이를테면 '생활체육'과도 같은 '생활문학'이다. 남녀노소 갑남을녀 필부필부 장삼이사 누구나 손안의 소우주 핸드폰으로 창작을 한다. 디카시는 시가 아니다. 디카시는 디카시다. 디카시를 전통적인 문자 시의 잣대로 재면 안 된다는 뜻이다. 그러나 이는 어느 날 정처도 근본도 없이 발생한 돌연변이의 문학이 아니며, 우리 선조 문인들의 한시와 시조 그리고 현대시의 짧은 시들과 접맥되어 있다. 거기에 영상의 합력이 작동하고, 사진에 시를 병렬한 포토 포엠의 물리적 접속과 다르게 사진과 시가 한 몸이 되는 화학적 결합을 지향한다.

평론

5. 성년을 맞는 디카시의 새 행보

 이제 20년 성년을 맞아 지구촌을 무대로 하는 디카시와 디카시 문예 운동은, '운동'이 아니라 '문예'가 되어야 한다. 디카시가 값있는 문예 운동이라면 운동이 과녁이 아니라 문예가 종착점이 되어야 옳다. 이것은 곧 디카시가 예술성을 담보하는 목표를 향해 나아가야 한다는 말이다. 디카시인 또한 '동호인'의 차원을 넘어 진정한 '시인'을 지향해야 한다. 그러므로 디카시는 쓰기 쉬우나 잘 쓰기가 쉽지 않은 것이다. 그러기에 디카시에는 오랜 전통을 가진 문자시에서와 마찬가지로 시간과 내공의 축적이 필요하다.
 앞서서 짧은 시의 예술성을 증거 하는 확고한 사례로 일본의 하이쿠를 들었다. 이는 이미 세계적인 문학 장르로 성장했다. 디카시는 여기에 영상의 힘을 더하였으니 훨씬 더 유리한 고지에 있다. 디카시의 미학적 가치, 예술성을 확보하는 것은 이 문예 운동의 운명적 과제다. 온 세계에서 한글로 쓰는 새로운 한류 문예이기에 가일층 창의력과 순발력과 책임감을 발휘해야 할 대목이다. 이상과 같은 생각으로 20년간 축적된, 디카시 창작의 금언金言이라 할 워딩들을 간추려 본다.

 1. 디카시는 영상문화의 시대로 이행된 상황을, 최적화하여 수용하는 창작 방식이다.
 2. 디카시는 일상의 예술이요 예술이 일상이 되는, 이를테면 '생활체육'과도 같은 '생활문   학'이다.
 3. 디카시는 시가 아니다. 디카시는 디카시다.
 4. 디카시 문예 운동은, '운동'이 아니라 '문예'가 되어야 한다.
 5. 디카시인은 '동호인'의 차원을 넘어 진정한 '시인'을 지향해야 한다.
 6. 디카시는 쓰기 쉬우나 잘 쓰기가 쉽지 않은 것이다.
 7. 디카시의 미학적 가치, 예술성을 확보하는 것은 이 문예 운동의 운명적 과제다.
 8. 온 세계에서 한글로 쓰는 새로운 한류 문예이기에, 디카시는 우리의 자

궁심이다.

　각기의 명제에 대한 설명을 생략하고 주제 문장만 열거했지만, 이제 20년 성년을 맞아 디카시는 한국과 세계를 아울러 활달한 발걸음을 옮길 것이다. 장강후랑추전랑長江後浪推前浪, 장강의 뒷물결이 앞 물결을 밀어내는 그 행렬에 동참하는 것은 디카시인들의 행복이요 보람이기도 하다. 남아 있는 생애의 나날이 예술과 더불어 펼쳐지기를 원하는 이들! 그리고 그 예술의 주체가 자기 자신이기를 소망하는 이들에게, 디카시는 언제나 손쉽게 당도할 수 있는 옥토의 텃밭이요 눈앞에 광활하게 펼쳐진 미개척의 서부다. 우리는 명실상부하게 그 땅의 주인이요 개간의 손길이다.

아태문인협회 역대 회장

대수	회장	학과	장르	비고
제1대	조성민	법학·신학	시·수필	교수·법학박사
제2대	〃	〃	〃	〃
제3대	지은경	철학·문학	시·평론	평론가·문학박사
제4대	유 형	문학	시	
제5대	〃	〃	〃	

월간신문예 조직 구성과 임원 명단

		신문예 협력단체	
발행인(총회장)	지은경	한국신문예문학회	박영곤 회장
고　　　　문	이근배 엄창섭	아태문인협회	유　형 이사장
명 예 회 장	장해익	인사동시인협회	차학순 회장
주　　　　간	이주림	나라사랑문인회	지은경 회장
편　집　장	박경희	신문예문예대학	도창회 학장
사 무 국 장	이인애	서울미래예술협회	배정규 회장
미디어 차창	이영경	태극기선양문학회	황선기 회장
취 재 기 자	강에리	천지시낭송협회	강은혜 회장
운 영 위 원 장	이기정	문인예술교류회	김영용 회장
운 영 이 사	김태형 박기임	강산江山문인회	김운향 회장
	유숙희 이석곡	도서출판책나라	지은경 대표
	전희종 정정남		
	허만길 (가나다순)		

2024년 아태문인협회 송년회 기념집 제10호

갈라파고스의 달빛

엮은이 / 유 형
펴낸곳 / 도서출판 책나라

초판 1쇄 발행 / 2024년 11월 25일

㊤03377 서울시 은평구 녹번로 3가길 14, 라임하우스 1층 101호
(02)389-0146~7, (02)389-0147
E-mail / sinmunye@hanmail.net
http://cafe.daum.net/sinmunye
등록번호 제110-91-10104호(2004.1.14)

ⓒ 유 형, 2024
ISBN 979-11-92271-40-8

값 30,000원